¿Qué es la pragmática intercultural?

1.ª edición, 2024

© Carmen Maíz Arévalo
© Guillermo Escolar Editor S.L.
Avda. Ntra. Sra. de Fátima 38, 5ºB
28047 Madrid
info@guillermoescolareditor.com
www.guillermoescolareditor.com

Diseño de cubierta: Javier Suárez
Maquetación: Equipo de Guillermo Escolar Editor

ISBN: 978-84-19782-36-6
Depósito legal: M-18741-2024

Impreso en España / Printed in Spain

Carmen Maíz Arévalo

¿Qué es la pragmática intercultural?

Cómo llegar a ser más competente interculturalmente

Guillermo Escolar EDITOR

Análisis y crítica

ÍNDICE

Agradecimientos.. 9

Capítulo 1. Introducción............................... 11
1. ¿Qué entendemos por cultura?................ 12
2. La importancia de la comunicación no verbal......... 21
3. ¿Qué son las taxonomías culturales y por qué resultan útiles?.. 33

Capítulo 2. ¿Qué es la pragmática?............... 47
1. Introducción.. 47
2. La importancia del contexto.................... 49
3. Haciendo cosas con las palabras o la teoría de los
actos de habla.. 52
4. ¿Qué son las implicaturas?..................... 57
   4.1. Incumplir las máximas....................... 60
5. ¿Qué es la cortesía?.............................. 69
   5.1. La teoría de cortesía de Brown y Levinson........ 73
      5.1.1. Ventajas e inconvenientes
      de las estrategias de cortesía................. 79
      5.1.2. Variables sociológicas.................. 82
   5.2. La cortesía como práctica contextualizada: el
   comportamiento «correctamente político» de
   Watt.. 84

5.3. La teoría de la gestión de las relaciones
(*Rapport management theory*) 89

Capítulo 3. La pragmática intercultural 95
  1. Disonancia comunicativa 97
    1.1. Trabajo relacional para recuperar la pérdida
    de imagen 101
    1.2. La acomodación comunicativa 105
  2. El humor en la pragmática intercultural 106

Capítulo 4. ¿Qué es la competencia intercultural y
cómo saber si somos interculturalmente competentes? ... 119
  1. Enfoques componenciales o de desarrollo de la
  competencia intercultural 120
    1.1. Enfoques componenciales 120
    1.2. Enfoques de desarrollo 123
  2. ¿Cómo saber si somos interculturalmente competentes y, de ser así, hasta qué punto lo somos? 129

Capítulo 5. Conclusiones 133

Referencias 137

Apéndice 147

AGRADECIMIENTOS

Este libro no habría visto la luz sin la ayuda de muchas personas. A mis estudiantes, gracias por vuestras preguntas y dudas, que me hacen aprender cada día y disfrutar de la mejor profesión del mundo. A Guillermo Escolar, por la edición y producción de este volumen. Por último, pero no por ello menos importante, mi eterno agradecimiento es para mi familia, por su paciencia y apoyo constante. Os quiero mucho, aunque a veces os haga menos caso del que os merecéis.

Capítulo i

Introducción

Conócete a ti mismo y conocerás el universo

Sócrates

La globalización tanto política como económica, además de los avances constantes de la tecnología, han dado lugar a unos niveles hasta ahora nunca vistos en la movilidad humana, así como en la interacción entre individuos de distintas culturas. Como resultado de todo ello, podemos afirmar que las sociedades son cada vez más multiculturales y que la competencia intercultural se ha convertido en una habilidad crucial a desarrollar y adquirir. Sin embargo, la comunicación intercultural implica superar una serie de desafíos importantes, sobre todo cuando supone la superación de diferencias en nuestros sistemas de valores, distintas formas y estilos de comunicación, y en líneas generales, diversas expectativas a nivel pragmático y social.

Todo ello puede conducir fácilmente a la falta de comunicación e incluso al conflicto entre grupos culturales, tanto dentro como entre sociedades distintas. Comprender qué es la pragmática intercultural puede ayudarnos a que estos encuentros interculturales sean más fáciles y, de paso, potenciar nuestra competencia intercultural, dando lugar a que seamos individuos más tolerantes y de mente más abierta.

Antes de adentrarnos en el ámbito de la pragmática intercultural, es importante entender la noción de «cultura» (siempre tan escurridiza), ya que la pragmática intercultural se centra en cómo personas de distintas culturas interactúan entre sí. Así pues, es esencial en primer lugar comprender qué entendemos por cultura. A definir este concepto dedicaremos la siguiente sección.

1. ¿Qué entendemos por cultura?

A menudo, los términos «cultura» o «diferencias culturales» se emplean de forma algo vaga o bien en demasía, sin llegar a ofrecer una definición clara de ellos. Veamos a continuación algunas de las definiciones clásicas de «cultura»[1].

[la cultura] es ese todo complejo que incluye el saber, las creencias, el arte, la moral, la ley, las costumbres, y otras capacidades y hábitos que el ser humano ha ido adquiriendo como miembro de la sociedad (Sir Edward Burnett Tylor, 1871) (traducción)

[la cultura] es lo que une a las personas –las ideas y los estándares que tienen en común. (Benedict, 1959: 16)

[la cultura] es un patrón de significados que se transmite históricamente, encarnado en símbolos, es un sistema de concepciones heredadas y expresadas de manera simbólica por medio de las cuales los

---

[1] Todas las citas en inglés o en otros idiomas han sido directamente traducidas al español por la autora para facilitar la lectura.

individuos se comunican, perpetúan y desarrollan su conocimiento y sus actitudes sobre la vida (Geertz, 1973: 16).

Una de mis definiciones favoritas, por su simplicidad, es la que ofrecen Samovar et al. (2014: 11), quienes argumentan que «la cultura nos da las reglas para jugar al juego de la vida». Una manera muy frecuente de conceptualizar la cultura es por medio de la metáfora del iceberg de Edward T. Hall (1976). De acuerdo con esta metáfora, la cultura es como un iceberg del cual solo podemos ver la punta. Esta parte es lo que Hall denomina la *cultura visible*, que incluye aspectos como el idioma, la forma de vestirnos, la comida, los fenotipos o rasgos faciales, etc. En la parte media del iceberg nos encontramos la cultura invisible, que corresponde a aspectos tales como nuestras creencias y actitudes personales. En apariencia, estos aspectos son menos visibles, pero especialmente reconocibles cuando algo va en su contra. Pongamos, por ejemplo, nuestra expectativa de lo que constituye un comportamiento cortés. Si el otro individuo se adecúa a dichas expectativas, su comportamiento nos pasará inadvertido. Si, por el contrario, su comportamiento es diferente a lo que esperamos, nos chocará y no pasará desapercibido. Incluso si su intención no era ser descortés, puede que esa sea la impresión que deja en nosotros. Finalmente, Hall considera la parte menos visible y profunda del iceberg como la *cultura profunda*; es decir, aquellos aspectos como pueden ser nuestros valores morales, que a menudo damos por hecho y rara vez cuestionamos, pero que pueden estar muy mediatizados por nuestro contexto cultural. La imagen[2] 1 muestra de forma visual la metáfora del iceberg cultural.

---

[2] Todas las imágenes han sido creadas por la autora o proceden de imágenes sin derechos de autor, disponibles en abierto.

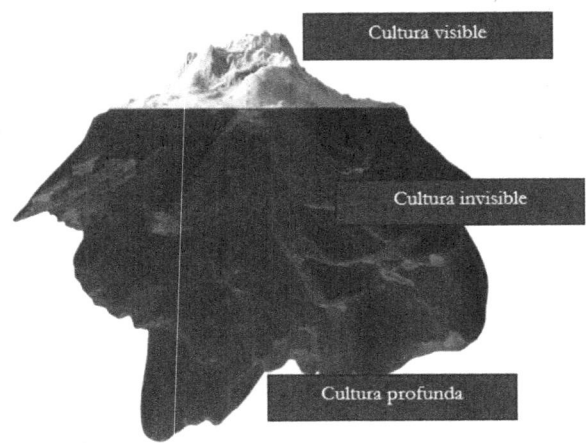

Imagen 1. El iceberg cultural de Edward T. Hall

Además de esta metáfora, hay otros modos de conceptualizar la cultura, como el famoso «crisol» proclamado por los Estados Unidos, la metáfora de la ensalada (donde los distintos ingredientes, al estar unidos, sirven para enriquecer el plato final, pero sin perder su propio sabor), las gafas culturales (que cambian nuestra forma de ver las cosas según las lentes que usemos) o incluso la metáfora de la cebolla (donde la cultura está formada por numerosas capas, cada vez más ocultas y profundas). Curiosamente, las mismas metáforas están bajo la influencia de aquellos que las emplean. Una colega, que también se dedica a los estudios interculturales, me comentó en cierta ocasión que estaba dando una charla en un país africano, y al hablarles del iceberg cultural, los asistentes no entendían a qué se refería. Cuando lo dibujó para explicarlo, uno de ellos se llevó la mano a la frente y exclamó, «ah, te refieres a que la cultura es como un hipopótamo, solo vemos la parte más pequeña, pero hay mucho más que queda oculto a la vista».

Sea como fuere, e independientemente de la metáfora que usemos para hablar y conceptualizar la cultura, los estudiosos del área coinciden en que la noción de cultura se caracteriza por los rasgos siguientes:

- La cultura se aprende.
- Se transmite de generación en generación.
- Es simbólica.
- Es dinámica.
- Es etnocéntrica.

En otras palabras, cuando nacemos, lo hacemos en el seno de un contexto cultural (o varios contextos culturales) y, desde niños, vamos aprendiendo y se nos van transmitiendo por parte de generaciones anteriores (padres, abuelos, etc.) las distintas costumbres, lo que está bien y lo que está mal, cómo comportarnos con otros, qué es educado y qué es descortés, etc. Sin embargo, todos sabemos que se van produciendo cambios en la sociedad, y es por eso que decimos que la cultura también es dinámica.

Finalmente, el etnocentrismo hace referencia a nuestra creencia, como individuos, de que nuestra forma de hacer las cosas (esto es, cómo nuestra cultura nos ha enseñado que hay que hacer las cosas) es la más adecuada y la más correcta, la que no solemos cuestionar, pero que nos sorprende en otras culturas si no coincide con la nuestra. Así pues, lo que a nosotros nos parece lo «normal» y damos por hecho, no tiene por qué ser lo más adecuado. Puede haber muchas otras formas de «normalidad».

Pongamos un ejemplo inventado. Imaginemos que existe una cultura en la que es descortés hablar con alguien mirándole a los ojos, porque se percibe como una falta de respeto.

Para estos individuos, lo «normal» es interactuar sin que los interlocutores se miren entre sí. Frente a ellos, existe otra cultura en la que lo «normal» es hacer precisamente lo contrario; es decir, cuando interactúan con otros, lo habitual y cortés es mirarle a los ojos, para demostrar que están escuchando. Imaginemos ahora que dos individuos, cada uno de una de estas culturas, interactúan entre sí. ¿Quién pensará que el otro es descortés y que la forma de interactuar que tiene no es normal? La respuesta es clara: ambos pensarán exactamente lo mismo, porque ambos están dando por hecho que su normalidad es la única posible. Esto, de forma muy simplificada, es el etnocentrismo. Lo contrario del mismo es la relatividad cultural; esto es, pensar que nuestra forma de hacer las cosas no es ni mejor ni peor a la de otros, simplemente diferente.

De acuerdo con Samovar et al. (2015), la cultura ejerce una influencia ubicua en cada aspecto de nuestra vida, especialmente en relación con cuatro componentes: nuestra percepción de la realidad, nuestros patrones cognitivos, nuestro lenguaje verbal y nuestro lenguaje no verbal. Veamos cada uno de ellos en más detalle.

A menudo, las creencias y valores que hemos aprendido desde niños en el proceso que se conoce como «culturización» pueden afectar (a veces de forma inconsciente) nuestra actitud hacia las cosas; por ejemplo, lo que nos gusta o no nos gusta. En general, los seres humanos tendemos a preferir aquello que nos resulta familiar y rechazar lo que nos resulta muy diferente, sobre todo si nuestra cultura lo rechaza. De nuevo, pensemos en un ejemplo. Imaginemos que nuestra cultura considera que comer insectos es exquisito, mientras que, en otra cultura, la ingesta de insectos se considera como algo totalmente peregrino e impensable. Seguramente, si al primero de los individuos se le ofrece un cuenco lleno de insectos como aperitivo, estará encantado de probarlos, mientras que el segundo individuo probablemente lo rechazará sin siquiera probarlos. De nuevo, estaríamos asistiendo al efecto del etnocentrismo. Nuestra cultura también influye en nuestros patrones cognitivos (siempre con excepciones, por supuesto, que dependen de cada individuo). Por ejemplo, hay culturas cuyo patrón de pensamiento es lineal mientras que otras favorecen un patrón cíclico o circular de pensamiento. De nuevo, imaginemos nuestra percepción del tiempo. En casi todas las culturas occidentales solemos percibir el tiempo como una línea que va del pasado hacia el futuro. Empleamos lo que se conoce como una metáfora conceptual, en la que el tiempo se conceptualiza como un espacio lineal, donde el pasado queda atrás y el futuro se abre delante de nosotros. Esta concepción, sin embargo, no se aplica en otras culturas cuyo patrón temporal es circular o cíclico y el tiempo, por lo tanto, no se concibe como ese espacio lineal sino más bien como una especie de espiral, como se ha intentado reproducir en la imagen 2.

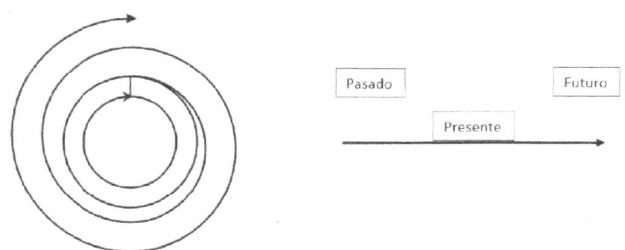

Imagen 2. Tiempo circular frente a tiempo lineal

Como lingüista, uno de los componentes de la cultura que más me interesan es el lenguaje verbal, o cómo empleamos el lenguaje para «hacer cosas», que diría el pragmático John

Austin (1962). Como veremos más adelante, este aspecto es central en el estudio de la pragmática intercultural, ya que precisamente nuestra forma de emplear el lenguaje para hacer estas cosas como prometer, hacer un cumplido, disculparnos, etc. y el contexto en el que se considera apropiado hacerlas, es una de las bases de la pragmática en sí.

Por último, otro elemento fascinante de la comunicación humana es lo que conocemos en términos habituales como «lenguaje no verbal». Dentro del mismo, podemos distinguir diversas áreas que veremos con más detalle en la sección siguiente, en la que hablaremos de cómo usamos nuestro lenguaje corporal o nuestra mirada cuando nos comunicamos con otros, lo que se conoce como cinésica u oculésica, respectivamente. También hay otros aspectos importantes dentro de la comunicación no verbal como son la distancia que mantenemos cuando interactuamos con otros cara a cara (proxémica), que pueden variar dependiendo del contexto cultural de cada individuo.

Como ya he mencionado, el comportamiento verbal o cómo usamos el lenguaje para «hacer cosas» es uno de los pilares de este volumen, ya que entronca directamente con la pragmática, e incluye otros aspectos clave como la cortesía, la descortesía, los actos de habla, la interacción social y la imagen o el humor, cada uno de los cuales merece un capítulo propio, dada su importancia.

Otro aspecto importante para tener en cuenta es que, muy a menudo, cuando pensamos en la noción de cultura, muchos tienden a pensar en «países». Sin embargo, esta visión es una simplificación, ya que, como hemos visto, la cultura es mucho más compleja y mientras que los países se pueden crear o destruir, las culturas son más permanentes a pesar de su carácter dinámico. En otras palabras, hay distintos tipos de cultura, y uno de ellos es lo que se conoce como «cultura nacional», pero hay otros como la cultura regional, o por edad, etc. (Hofstede, 2001).

Así pues, para ser capaces de entender las diferencias y semejanzas culturales y desarrollar nuestra competencia intercultural, el primer paso es «conocernos a nosotros mismos» tanto como individuos como a nuestra cultura en sí. Es importante ser conscientes de nuestros propios componentes culturales antes de poder entender los de otros. Este primer paso se conoce como «conciencia cultural». Desarrollar esta conciencia, primero cultural y después intercultural, nos puede ayudar a evitar lo que se denomina «choque cultural», cuando nos encontramos en un contexto cultural diferente al nuestro, salimos de nuestra zona de confort y, en términos coloquiales, nos sentimos como pez fuera del agua.

Esta sensación de extrañeza o choque cultural se puede producir de forma más acusada cuando nos vemos inmersos en lo que se conoce como *rituales sociales* o, desde una perspectiva puramente pragmática, rituales de interacción. De acuerdo con Jandt (2012: 6), «los rituales son actividades esencialmente colectivas que forman parte de una cultura». Kotthoff (2007: 73) los define como «acciones sociales de conocimiento colectivo y que dan sentido» así como «comentarios meta-sociales que se pueden interpretar en todos sus matices por aquellos que los producen y los reciben dentro de una comunidad de práctica». La misma autora identifica cuatro rasgos principales de los rituales:

- Los rituales cumplen una función social, que es incluso más importante que su función instrumental en sí.
- Dan unidad y cohesión al grupo, estructurando así la realidad social.

- Tienen una estructura temporal que incluye un comienzo y un final.
- Estimulan respuestas emocionales en los participantes.

Aunque el término en sí nos puede hacer pensar en rituales religiosos (p. ej., una boda), en realidad los rituales de interacción son ubicuos en nuestra vida diaria (Goffman, 1967). Por ejemplo, cuando llevamos un regalo porque nos han invitado a una cena se activan distintos rituales en distintos contextos culturales. Es decir, el regalo que llevamos se convierte en un símbolo que se puede interpretar de formas distintas y conducir a malentendidos si la interpretación que le da el otro no coincide con la nuestra. Goffman, de manera más específica, argumenta que estos rituales de interacción siguen una serie de «guiones» que actuamos según nuestras expectativas pragmáticas (véase a continuación).

Por ejemplo, un ritual de interacción puede ser el de «rechazar una oferta». Dada la amenaza que supone para la imagen social del interlocutor que nos ha hecho la oferta, rechazar dicha oferta se puede considerar muy ofensivo y, para llevarlo a cabo, se siguen distintos patrones o principios pragmáticos que pueden variar culturalmente. Para Goffman (1967), actos comunicativos como son el saludo, la expresión de interés, los cumplidos, las disculpas, etc. se convierten en rituales de interacción en los que los participantes tienen ciertas expectativas. Por ejemplo, en la cultura española es habitual rechazar la primera oferta que se nos hace cuando se nos ofrece más comida, ya que nuestro ritual incluye que el hablante insista y, llegado el caso, podemos decir que sí en esta segunda oferta. Sin embargo, en otras culturas como la británica, solamente se ofrece una primera vez y, en caso de que el oyente rechace la oferta, insistir se considera una intrusión y, por lo tanto, una amenaza a la imagen negativa del interlocutor (véase Capítulo 2, sección 5.1). Los rituales no son solamente verbales, sino que pueden ser también no verbales (p. ej., códigos de vestir) o, frecuentemente, una mezcla de lenguaje verbal y no verbal. Veremos más sobre la interacción y las expectativas pragmáticas en el Capítulo 2. En la siguiente sección nos centraremos en la comunicación no verbal, también de gran importancia.

2. La importancia de la comunicación no verbal

Para entender qué es la pragmática intercultural en su totalidad, necesitamos tener en cuenta el hecho de que el comportamiento no verbal también puede verse influenciado por nuestro contexto cultural. Es decir, el modo en que usamos nuestro lenguaje corporal o nuestra proxémica puede variar de cultura a cultura. ¿Por qué entonces estudiar el comportamiento no verbal cuando nos centramos en la cultura y la pragmática intercultural? En efecto, comprender mejor el comportamiento no verbal nos puede ayudar a:

- Entender mejor una cultura.
- Evitar malentendidos o conflictos en contextos interculturales.
- Comunicarnos de manera más eficaz en situaciones interculturales.

De acuerdo con Jandt (2013: 113), «muchos de los mensajes no verbales que se emplean en una cultura están relacionados y son consistentes con otros aspectos de esa cultura [...] Otros aspectos de la cultura se revelan en el código no verbal».

Existen tres propuestas teóricas en relación con el comportamiento no verbal:

1. Es aprendido: esto es, los niños lo aprenden a lo largo del proceso de culturización; por ejemplo, el saludo conocido como el saludo tailandés tradicional *wai*, que muchos niños aprenden en la escuela. Esta visión es la que sostienen la mayoría de los antropólogos y sociólogos.

2. Es innato: esta teoría deriva de los estudios de Darwin (1872/1965) y el resultado de la evolución humana. Por ejemplo, el reconocimiento facial de la alegría o la tristeza parece ser el mismo en todas las culturas (véase a continuación).

3. Es funcional: esto es, se utiliza para comunicarse. Por ejemplo, cuando levantamos nuestro pulgar, estamos indicando que algo es correcto en muchas culturas. Este tipo de gestos, no obstante, están a menudo vinculados a su contexto cultural y no tienen por qué ser universales, como veremos más adelante.

Ni que decir tiene que estas tres propuestas no son, ni mucho menos, excluyentes entre sí. Antes al contrario, son de carácter complementario. Por ejemplo, algunos comportamientos no verbales básicos se relacionan con nuestra expresión facial (la sonrisa, fruncir el ceño) y son fácilmente reconocidos en la interacción intercultural por individuos de distintas culturas ya que corresponden a lo que Ekman et al. (1992) definen como las seis emociones humanas básicas: la ira, la alegría, la aversión, el miedo, la tristeza y la sorpresa.

De acuerdo con Darwin (1872), estas expresiones faciales son el resultado evolutivo de la necesidad de distinguir entre extraños amigables y aquellos que podrían atacarnos. Sin embargo, estos comportamientos innatos como la sonrisa pueden ir cambiando a medida que vamos creciendo y culturizándonos, y adquiriendo otros significados específicos en esa cultura (teoría funcional). Por ejemplo, se ha señalado en estudios previos que los japoneses utilizan la sonrisa para ocultar el azoramiento o el enfado, dado que la expresión pública de emociones se considera culturalmente inapropiada (Hasada, 1993; Kinoshita, 2023).

A este respecto, Lorette y Dewaele (2015) han demostrado en su estudio que la habilidad en el reconocimiento facial puede ser complicada para aprendientes de otra lengua, por ejemplo, entre los estudiantes que aprenden el inglés como segunda lengua. Esto podría extrapolarse a otros tipos de comunicación intercultural donde gestos aparentemente «universales» pueden malinterpretarse. Como ya vimos en la introducción, hay diferentes áreas dentro del estudio de la comunicación no verbal. Veamos cada una de ellas en más detalle.

La proxémica es el estudio de nuestro uso del espacio personal en la comunicación con otros, lo que podemos ver como nuestra «burbuja personal» (Hall, 1959). Esta distancia entre interlocutores, sin embargo, puede variar dependiendo de la cultura y existen reglas tácitas que conocemos (a veces de forma inconsciente) en nuestra propia cultura. Por ejemplo, cuando compartimos ascensor con otros, cuando nos sentamos en el autobús, cuando hacemos cola esperando, etc.

La cinésica o kinésica es el estudio de los gestos, movimientos del cuerpo y expresiones faciales utilizadas en la comunicación (Morris, 1979; 1995). Como en el caso anterior, damos por hecho muchos de estos gestos, pero en muchos casos no son coincidentes en otras culturas. Pensemos, por ejemplo, en cómo decimos sí o no con la cabeza, o cómo decimos adiós con la mano o contamos hasta tres usando nuestros dedos. Nos sorprendería saber que estos gestos, que parecen tan básicos, no son ni mucho menos generalizados, sino que varían de cultura a cultura. Por ejemplo, en Grecia el gesto para decir que sí con la cabeza consiste en un movimiento de cabeza hacia abajo, mientras que para negar se hace con un movimiento de cabeza hacia arriba (no se sacude hacia los lados) o bien se levantan las cejas sin mover la cabeza. Pongamos otro ejemplo básico, ¿cómo contamos hasta tres con los dedos? ¿Qué gesto te resulta más familiar de los dos que aparecen en la imagen?

Imagen 3. Ejemplo de kinésica

Dentro del ámbito de la kinésica, una de las áreas más estudiadas son los gestos, que pueden ser muy diversos de acuerdo con la cultura de los individuos. De acuerdo con Andersen (1999), hay tres tipos de gestos, a saber:

1. Los *adaptadores*: que incluyen movimientos que suelen ser inconscientes y que indican nuestro estado interno. Por ejemplo, cuando nos tocamos el pelo si estamos nerviosos, movemos nuestra pierna, o damos golpecitos con los dedos en la mesa.
2. Los *emblemas*: son gestos simbólicos que tienen un significado común ya consolidado por la comunidad de

práctica que los emplea. Es decir, todos los miembros de dicha comunidad reconocen qué quiere decir. Los emblemas suelen hacerse de manera consciente, y son muy variados dependiendo de la cultura. Por ejemplo, el gesto del pulgar hacia arriba, que se está generalizando gracias a redes sociales como Facebook, se emplea para decir que algo está bien, pero sigue teniendo otros significados en otras culturas. Así, en otras culturas como la iraní o la griega, el gesto del pulgar hacia arriba puede interpretarse como un insulto.

3. Los *ilustradores*: son aquellos gestos que solemos utilizar para ilustrar el mensaje verbal que acompañan, pero no tienen un significado propio y suelen ser también inconscientes. Por ejemplo, cuando movemos nuestras manos para indicar énfasis o el tamaño de un objeto.

La imagen 4 ilustra estos tres tipos de gestos:

  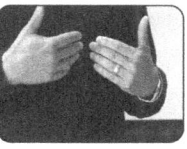

Imagen 4. Tipos de gestos (de izquierda a derecha:
adaptadores, emblemas e ilustradores)

En contra de lo que pudiéramos creer, hay pocos emblemas «internacionales». Por ejemplo, mover la palma de la mano y los dedos de un lado a otro puede significar cosas distintas dependiendo de la cultura. Así pues, en algunas culturas, este gesto puede significar «ven aquí» o «adiós» mientras que, en otras, puede interpretarse como un insulto. El «problema» es que, en la comunicación intercultural, los interlocutores a menudo recurren a gestos para comunicarse. Por ejemplo, en España es habitual hacer un gesto como de escritura en el aire para pedir la cuenta en un bar mientras en Tailandia, si le hacemos este gesto al camarero, lo más probable es que nos traiga papel y boli. Quizá el único gesto realmente universal sea la sonrisa y no siempre es así, especialmente si mostramos nuestros dientes al sonreír, ya que esto podría considerarse inapropiado en algunas culturas.

Puesto que, como ya señalamos anteriormente, la cultura es dinámica, hay gestos, como el pulgar hacia arriba, que antes eran culturalmente diferentes y que ahora también se están globalizando, gracias en buena parte a las redes sociales que los emplean como emoji y parte de sus reacciones para indicar que algo está bien.

Además de la kinésica y la proxémica, otra subdisciplina dentro del estudio de la comunicación no verbal es la *oculésica*. La oculésica se centra en el estudio del movimiento de los ojos, el comportamiento de la mirada y toda la comunicación relacionada con los ojos. Hay numerosos estudios comparativos entre distintas culturas dentro de la oculésica. Por ejemplo, Hattori (1987) estudia el contraste entre los japoneses y los estadounidenses respecto al uso del contacto visual. En sus estudios, Hattori demuestra que los japoneses tienen menos contacto visual con sus interlocutores, ya que lo consideran una falta de respeto, mientras que para los estadounidenses es justo al revés. Podemos imaginar que, en un encuentro intercultural entre ambos y en el que ninguno de los interlocutores sea consciente de estas diferencias, es muy probable que surja el malentendido y ambos interlocutores piensen que la otra persona está siendo muy maleducada, cuando no es el caso. Otro estudio interesante es el de Hietanen (2018), que estudia distintos tipos de contacto visual en la comunicación. Sus resultados muestran que dicho contacto visual varía de forma significativa entre culturas. En algunas culturas, el contacto visual directo se considera una forma honesta y cercana de comunicación mientras que, en otras, puede interpretarse como insultante. Como ya hemos mencionado, para muchos estadounidenses, el contacto visual directo se percibe como una señal de que podemos confiar en esa persona. En India y otras culturas asiáticas, un contacto visual directo se puede interpretar como descortés, obstinado y ofensivo.

Otra subdisciplina dentro del estudio de la comunicación no verbal es lo que se denomina *cronémica*. La cronémica nos ayuda a entender cómo los individuos perciben y estructuran el tiempo en sus diálogos y en sus relaciones con otros. El concepto mismo de comunicación como proceso implica que se trata de una actividad vinculada al tiempo. El tiempo, por lo tanto, actúa como un principio estructurador en la interacción social. Como señala Andersen (1984), el modo en el que se estructura el tiempo puede transmitir mensajes relacionados con la inmediatez y la cercanía. En la misma línea, Egland et al. (1997) argumentan que la mejor forma de señalar la cercanía en una relación es pasar tiempo con esa persona. Pensemos, por ejemplo, en expresiones como «tiempo de calidad», «perder tiempo», etc. que muestran que, en muchas culturas, el tiempo se percibe como una mercancía.

De acuerdo con el antropólogo y estudioso intercultural Edward T. Hall (1959, 1976), hay tres tipos de tiempo:

1. El tiempo técnico: o la medida científica del tiempo de forma precisa.

2. El tiempo formal: es el tiempo que nuestra sociedad nos enseña en el proceso de culturización. Por ejemplo, la hora habitual del almuerzo en la cultura española suele ser sobre las 14:30 o las 15hrs. mientras que, en otras culturas, puede ser a una hora muy diferente.

3. El tiempo informal: que a su vez incluye tres conceptos, la duración, la puntualidad y la actividad.

Veamos estos tres conceptos del tiempo informal en más detalle. La duración hace referencia a cuánto tiempo dedicamos a un evento concreto. Por ejemplo, podemos considerar que hacer la compra nos suele llevar media hora mientras que un servicio religioso puede extenderse hasta una hora. En muchas ocasiones, nuestra estimación de lo que algo debe durar es mucho menos precisa. Pensemos en cuando abrazamos a alguien, ¿cuánto tiempo es el esperado?

Por otra parte, la puntualidad es la prontitud asociada con estar en hora. Por ejemplo, cuando decimos «llegaré a las 15:00», ¿son realmente las 15:00 o podemos llegar un poco después? ¿Cuánto después? En interacciones interculturales que he tenido yo misma con compañeros británicos, una de sus bromas habituales cuando quedábamos era si estábamos hablando de la hora española o la hora británica, haciendo referencia a la falta de puntualidad que consideran un rasgo (estereotípico) de la cultura española.

Por último, la actividad hace referencia a cómo «empleamos» el tiempo. Si pensamos en expresiones hechas como «el tiempo es oro» (*time is money* en inglés), vemos de nuevo que el tiempo, en muchas culturas occidentales, se concibe como una mercancía que suele asociarse con el poder y el estatus de una persona. Por ejemplo, si uno tiene mucho tiempo libre, suele asociarse a llevar una vida placentera y sin trabajo. Tanto el tiempo formal como informal están muy vinculados a la cultura y, por lo tanto, desempeñan un papel central en la pragmática intercultural, ya que pueden conducir al fallo pragmático y/o a la disonancia comunicativa (véase el Capítulo 3).

Otra distinción importante que también hace Hall (2000) es la diferencia entre lo que él denomina tiempo monocrónico y tiempo policrónico y, en consecuencia, entre culturas monocrónicas y policrónicas, que veremos en más detalle posteriormente.

Aunque no es exactamente comunicación no verbal, es frecuente incluir el estudio del *paralenguaje*. El paralenguaje es el estudio de los elementos no verbales de la voz o, en términos cotidianos, se centra en *cómo* decimos algo más que en *qué* decimos. Incluye tanto las interferencias vocales como las características vocales de cada individuo. Las primeras –interferencias vocales– se refieren a los sonidos que usamos cuando dudamos o no estamos del todo seguros de lo que queremos decir, por ejemplo, en inglés es habitual emplear expresiones mínimas como «uh» o «er» al hablar.

Por otro lado, las características vocales hacen referencia a distintos aspectos como son la intensidad (el volumen de nuestra voz), la velocidad al hablar, y el tono de la voz. Por ejemplo, un tono agudo suele asociarse con hablantes infantiles y con mujeres mientras que un tono grave se suele asociar a adultos de género masculino. Es importante señalar que, en muchas ocasiones, este tipo de expectativas suele derivar en estereotipos vocales, en los que tendemos a asociar estos tonos graves con rasgos de personalidad (no necesariamente reales) como pueden ser la madurez o la fuerza. Por el contrario, tendemos a asociar estereotípicamente los tonos más agudos con el nerviosismo o la indefensión. A menudo y de forma consciente o inconsciente, alteramos nuestro tono y nuestro volumen para reflejar nuestro estado de ánimo, nuestro interés en la comunicación, nuestra intención tras las palabras que pronunciamos. Pensemos, por ejemplo, en cuando utilizamos un tono irónico.

El paralenguaje, especialmente las características vocales, es algo muy individual, pero también puede verse influenciado por la cultura a la que pertenecemos. Por ejemplo, la mayoría de los tailandeses favorece un tono suave y con un volumen bajo de voz puesto que asocian estos rasgos vocales a la buena educación y la cortesía. Cuando interactúan con individuos de otras culturas, cuyo tono y volumen son más altos, pueden pensar erróneamente que estos individuos están enfadados.

Otra área importante en el estudio de la comunicación no verbal es la *háptica* o el uso del tacto en la comunicación. Por ejemplo, cuando tocamos a alguien en el hombro para indicarle nuestra amistad o le damos la mano a alguien, lo que en algunas culturas puede ser un símbolo para demostrar la cercanía y la amistad con alguien, mientras que en otras puede resultar chocante que alguien coja nuestra mano.

Finalmente, un área menos estudiada pero también importante es la *olfática*, o el estudio de cómo empleamos el olor/olfato en la comunicación. El olfato sigue siendo uno de los sentidos más desconocidos, pero es, sin duda, uno de nuestros sentidos más básicos y primitivos. De hecho, buena parte de nuestro cerebro está dedicada al olfato, que es el único sentido que está directamente vinculado a nuestro sistema límbico o «cerebro emocional» (Goleman, 1995; LeDoux, 1998; 2003). Biológicamente, se ha demostrado que las mujeres tienden a detectar los olores en una concentración menor, identificando dichos olores con mayor exactitud y recordándolos durante más tiempo (véase Bengtsson et al., 2001). Aunque en las culturas occidentales da la impresión de que prestamos menos atención al empleo del olfato en la comunicación, pensemos en el uso de perfumes o de la aromaterapia para reducir el estrés o incluso para potenciar el consumo. En otras culturas, sin embargo, el sentido del olfato cumple funciones pragmáticas como es el caso del saludo tradicional neozelandés maorí o *hongi*, ilustrado en la imagen 5. El *hongi* es un saludo equivalente a un apretón de manos, en el que los dos interlocutores juntan la frente y aprietan suavemente la nariz del otro con la suya, intercambiando el «ha» o aliento vital de los que se saludan.

Imagen 5. El *hongi* maorí

Como hemos visto a lo largo de los párrafos anteriores, la comunicación no verbal puede cumplir un amplio abanico de funciones diferentes pero interrelacionadas, todas ellas cruciales en el ámbito de la pragmática intercultural. De manera más específica, la comunicación no verbal puede emplearse para, entre otras cosas:

- Reemplazar mensajes hablados; por ejemplo, cuando hay mucho ruido que nos impide comunicarnos, cuando no tenemos un idioma en común, por motivos prácticos, etc.
- Transmitir mensajes que pueden ser amenazantes si se transmiten de forma verbal o más directa; por ejemplo, cuando, en una clase que está terminando, los estudiantes empiezan a moverse inquietos en sus asientos.
- Dar una cierta impresión; como puede ser el caso de cuando nos vestimos de forma concreta para una entrevista de trabajo.
- Establecer relaciones sociales; por ejemplo, en muchas ocasiones los profesores están en frente de su estudiantado y, en algunas aulas universitarias, subidos a una tarima.
- Regular la interacción; como es el caso del contacto visual en el intercambio de turnos conversacionales.
- Mitigar o enfatizar mensajes verbales; por ejemplo, cuando guiñamos para expresar ironía o hacemos un gesto con las manos para indicar el tamaño de algo.

3. ¿Qué son las taxonomías culturales y por qué resultan útiles?

Hay demasiadas culturas y demasiadas diferencias culturales como para que podamos aprenderlas todas. A este respecto, las taxonomías culturales pueden ser de gran utilidad, siempre que seamos cautos en su aplicación. Es decir, queremos potenciar la relatividad cultural en lugar de reforzar estereotipos existentes.

Aunque hay distintas taxonomías culturales, probablemente la más conocida sea la propuesta por el psicólogo social Geert Hofstede. Sin embargo, Hofstede no propone su taxonomía de la nada, sino que se basa en teorías previas que establecen dimensiones semejantes. Por ejemplo, una de las taxonomías pioneras es de la Parsons y Shils (1951). Según estos autores, toda acción humana viene determinada por cinco patrones donde se presentan dos alternativas. Es importante señalar, no obstante, que estas alternativas tienen lugar a lo largo de un continuo. Los patrones o dimensiones que establecen Parsons y Shils son los siguientes:

— Afecto frente a neutralidad afectiva: se refiere, en lenguaje cotidiano, a la diferencia entre culturas en las que se muestra el afecto por otros en público frente a las que solamente muestran afecto en la esfera más privada.

— Orientación individual frente a orientación colectiva: es decir, hay culturas en las que predomina el individuo frente a otras en las que lo importante no es tanto el individuo como el grupo al que pertenece.

— Universalismo frente a particularismo: esto es, en las sociedades universalistas predomina la creencia de que las ideas y prácticas son siempre igual independientemente de su contexto, mientras que, en las sociedades particularistas, se cree que es el contexto el que dicta cómo se deben de aplicar las prácticas. Para dar un ejemplo más claro, pensemos en aquellos países en los que la ley se acoge a la jurisprudencia frente aquellos en los que no.

— Adscripción frente a mérito: en las culturas en las que predomina el logro, los individuos adquieren su estado dependiendo de sus funciones y logros personales, frente a las culturas de adscripción, en las que el estatus de un individuo depende de quién es.

— Especificidad frente a prolijidad: en las sociedades en la que prevalece la especificidad, las relaciones sociales están claramente delimitadas a distintas esferas mientras que en las culturas de mayor prolijidad, no hay limitación previa en cuanto a las relaciones humanas. Por ejemplo, la esfera personal y profesional están más imbricadas entre sí, en lugar de claramente delimitadas.

Además de la taxonomía de Parsons y Shils, el sociólogo Alex Inkeles y el psicólogo Daniel Levinson (1959) proponen tres factores que se pueden aplicar para la clasificación tanto de los individuos como de las sociedades:

— Cómo nos relacionamos con la autoridad
— Cómo concebimos al individuo (lo que incluye los conceptos de masculinidad y feminidad)
— Qué es lo que consideramos dilemas básicos y de qué modo nos ocupamos de ellos. Esto incluye también cómo expresamos o controlamos la agresividad y si expresamos afecto o lo inhibimos.

En mi opinión, una de las taxonomías culturales más influyentes es la que desarrolló el antropólogo Edward T. Hall (1959, 1969, 1976), que veremos en más detalle a lo largo de los párrafos siguientes. Una de las percepciones más acertadas de Hall es que:

La cultura oculta mucho más de lo que revela, y curiosamente, aquello que oculta, lo oculta sobre todo y de la manera más efectiva a sus propios participantes. Años de estudio me han convencido de que lo más duro no es entender otras culturas sino entender la nuestra propia.

Dos de las nociones más importantes introducidas por Hall en sus distintas obras son los conceptos de:

- Culturas de alto y de bajo contexto.
- Culturas monocrónicas frente a las policrónicas: este último concepto forma parte del primero, ya que la percepción sociocultural del tiempo depende en gran medida de la dimensión de contexto.

Más concretamente, Hall divide los contextos alto y bajo en cinco subcategorías, relacionadas con:

- Cómo se relacionan los individuos entre sí (asociación).
- Cómo se comunican los individuos entre sí (interacción).
- Cómo tratan el espacio (proxémica).
- Cómo tratan el tiempo (cronémica).
- Cómo aprenden.

Un aspecto que recordar es que pocas culturas, y la gente que forma parte de ellas, están totalmente en un lado del espectro o en otro. Habitualmente, las sociedades se encuentran en un término medio y pueden combinar rasgos de alto y bajo contexto. De acuerdo con Hall, la relación entre asociación y contexto alto o bajo incluye los siguientes aspectos.

En las culturas de alto contexto, las relaciones dependen de la confianza y se construyen lentamente, pero de forma estable, lo que las convierte en relaciones duraderas, pero hace también que sea difícil acceder a estos círculos por parte de individuos «externos». Por el contrario, en las sociedades de bajo contexto, las relaciones empiezan y terminan rápidamente. Como los límites en los grupos no están tan claros, hay individuos que pertenecen a grupos distintos. Por ejemplo, un amigo presenta a otro a su grupo de amigos, que se convierten en sus amigos y así sucesivamente. Como consecuencia, en las culturas de alto contexto, la identidad de cada individuo a menudo se basa en su pertenencia a distintos grupos como la familia, el trabajo, sus amigos de infancia, etc., mientras que, en el caso de las culturas de bajo contexto, la identidad del individuo suele asentarse en el individuo en sí y en sus logros.

De igual manera, en las culturas de alto contexto, la estructura social y la autoridad están centralizadas y la responsabilidad recae en la esfera superior. En las culturas de bajo contexto, sin embargo, la estructura social está más descentralizada y la responsabilidad no se concentra necesariamente en lo más alto.

En cuanto a la interacción, las culturas de alto contexto a menudo confían en buena medida en el empleo de elementos no verbales tales como las expresiones faciales o los gestos, con una marcada tendencia a producir mensajes verbales implícitos —esto es, indirectos— para cuya interpretación el interlocutor ha de basarse fundamentalmente en el contexto (véase la sección sobre cortesía posteriormente). Por el contrario, en las culturas de bajo contexto, los mensajes suelen ser más bien verbales, con una tendencia a ser explícitos y directos, en los que las palabras son más importantes que el contexto en el que se producen las mismas. Es más, para las culturas de alto contexto, la comunicación se percibe como un arte, una forma de relacionarse, mientras que en las culturas de bajo contexto se concibe más bien como un modo de intercambiar información, ideas y opiniones. Como veremos posteriormente cuando tratemos de la cortesía verbal y las máximas de Leech (1983), esto da lugar a que, en las culturas de alto contexto, el desacuerdo suele evitarse a toda costa, a menudo a coste de la sinceridad. Por el contrario, en las culturas de bajo contexto, el desacuerdo no siempre se considera amenazante y la sinceridad suele ser valorada muy positivamente.

En relación con la territorialidad (muy vinculada a la proxémica), Hall argumenta que, en las culturas de alto contexto, el espacio suele ser común, mientras que, en las culturas de bajo contexto, el espacio suele estar compartimentado, es privado y se valora la intimidad. En cuanto a la cronémica o temporalidad, las culturas de alto contexto tienden a ser policrónicas. Esto quiere decir que cada cosa lleva su tiempo y este tiempo no es fácil de organizar de acuerdo con un horario. En otras palabras, lo importante es que algo se haga, pero no cuándo. Por el contrario, en las culturas de bajo contexto, hay horarios muy establecidos y cada evento tiene su momento. Lo importante es que algo se haga a tiempo.

Como consecuencia de estas diferencias cronémicas, en las culturas de alto contexto, los cambios son lentos y el tiempo suele percibirse como un proceso de carácter natural mientras que, en las culturas de bajo contexto, el cambio suele ser rápido y el tiempo se percibe como una mercancía, incluso como dinero que puede ahorrarse o desperdiciarse. Pensemos, en efecto, en expresiones como «el tiempo es oro» o «perder el tiempo».

Finalmente, Hall también incluye la dimensión del aprendizaje, en la que también señala importantes diferencias entre las culturas de alto o de bajo contexto. Más concretamente, en las culturas de alto contexto, el conocimiento se basa en la conexión de ideas y, en consecuencia, la multidisciplinariedad se valora positivamente. En las culturas de bajo contexto, sin embargo, el conocimiento tiende a estar muy especializado y compartimentado, lo que da lugar a una realidad muy fragmentada en la que la multidisciplinariedad no tiene cabida. Además, en las culturas de alto contexto, la educación se basa en la deducción. Por ejemplo, los estudiantes ven distintos ejemplos de cómo se hace algo y luego lo intentan hacer a su vez. Asimismo, se emplea con frecuencia el trabajo colaborativo, en grupos, en los que la didáctica principal radica en la resolución de problemas o desarrollo de proyectos. En las culturas de bajo contexto, por el contrario, la educación tiende a ser explícita, centrada en el docente, que es quien proporciona todas las explicaciones. De igual forma, prima una orientación individual, con la realización de actividades de manera individual por parte de los estudiantes, que aprenden contenidos para luego reproducirlos en un examen.

Como ya hemos señalado al comienzo de esta sección, probablemente la taxonomía cultural más conocida e influyente es la que desarrolló el psicólogo social Geert Hofstede, para el que la cultura se define como «la programación colectiva de la mente, que distingue a los miembros de un grupo o de una categoría de personas de otra». En mi opinión, hablar de «programación» puede resultar confuso, dado que, como ya hemos mencionado, la cultura es dinámica y al hablar de «programación» podría parecer que la cultura es algo que se nos inserta en el cerebro sin nuestro control. Posiblemente, Hofstede hace uso del término «programación» como consecuencia de su trabajo inicial en IBM, donde recogió más de 100.000 cuestionarios en más de 30 países, para poder establecer lo que se conocen como valores o dimensiones culturales. A partir de este cuestionario (conocido como *Value Survey Model*, Cuestionario de Modelo de Valores), Hofstede clasifica las culturas de acuerdo con las siguientes seis dimensiones:

1. Distancia de poder.
2. Evitación de la incertidumbre.
3. Individualismo frente a colectivismo.
4. Masculinidad frente a feminidad.
5. Orientación a largo plazo frente cortoplacismo.
6. Indulgencia frente a represión (esta última dimensión fue introducida posteriormente).

Antes de profundizar en cada una de estas dimensiones, es importante señalar que, como hemos visto en casos anteriores, las dimensiones se conciben como continuos, no como absolutos. La *distancia de poder* hace referencia a cómo las sociedades se relacionan con el poder y las jerarquías. Por ejemplo, en las culturas con una distancia de poder baja, los padres tratan a sus hijos como iguales, no como superiores a ellos, y la educación suele estar centrada en los estudiantes más que en el profesor, ya que no hay jerarquías marcadas, puesto que la jerarquía se interpreta como una forma injusta de desigualdad social. En este tipo de culturas, suele haber poca corrupción y una distribución económica bastante igualitaria, con absoluta libertad de religión entre sus miembros. Por el contrario, en las culturas con un alto índice de distancia de poder, el poder se percibe como un rasgo básico de la sociedad. En estas sociedades, los padres enseñan a sus hijos a obedecerles, la educación suele estar centrada en el docente y los subordinados esperan que se les den órdenes para actuar. La corrupción suele ser frecuente, si bien los escándalos son silenciados y hay marcadas clases socioeconómicas, con una religión basada también en la jerarquía de clases.

La segunda dimensión es la conocida como la *evitación de la incertidumbre* o, dicho de otro modo, cómo gestionamos el cambio como sociedad. En culturas cuyo grado de evitación de la incertidumbre es bajo, el cambio se concibe como algo inherente a la vida misma y se acepta cómo y cuándo viene. Estas sociedades suelen también caracterizarse por una religión, ciencia y filosofía basadas en el relativismo y empirismo. En contraste, en las sociedades cuyo grado de evitación de la incertidumbre es alto, el cambio se percibe como una amenaza y sus miembros suelen sufrir con frecuencia de ansiedad y estrés, especialmente ante situaciones de incertidumbre. En estas sociedades, por ejemplo, los individuos suelen aferrarse a un trabajo si les da seguridad, aunque dicho trabajo no les complazca. Asimismo, estas sociedades suelen basarse en una religión, ciencia y filosofía caracterizadas por la creencia en grandes verdades que no se ven alteradas por el cambio.

Probablemente, una de las dimensiones más conocidas por todos es la del individualismo frente a colectivismo. El individualismo se caracteriza por la existencia de familias nucleares y generalmente de pocos miembros, y por la importancia de la privacidad, entre otros factores. En estas sociedades, romper las normas se asocia a sentimientos de culpa. En contraste, en las sociedades colectivistas, suelen existir grandes familias o «clanes», a los que se debe lealtad. En términos lingüísticos, se suele evitar el uso del pronombre singular de primera persona frente al plural («yo» frente a «nosotros»), se valora precisamente la pertenencia al grupo más que al individuo en sí mismo o sus logros. En estas sociedades, romper las normas conduce a sentimientos de vergüenza.

Una de las dimensiones más discutidas y criticadas es la que Hosftede originalmente denominó feminidad frente a masculinidad. De acuerdo con Hofstede, las culturas femeninas son aquellas en las que se valoran rasgos como la modestia o el cuidado de otros, la empatía, y existe un equilibrio entre la vida familiar y la profesional. En estas culturas, prima la igualdad entre los géneros y el sexo se concibe con naturalidad. Por el contrario, en las culturas masculinas, se valoran rasgos como la asertividad, la ambición o la fuerza. En términos familiares, suelen ser los padres quienes determinan el número de hijos y las mujeres suelen estar relegadas a una esfera doméstica más que pública. Asimismo, hay una marcada diferencia entre los géneros, con una religión que considera el sexo como tabú.

Otra de las dimensiones es la que hace referencia a si una sociedad es de carácter cortoplacista o cuya orientación es a largo plazo. En el primero de los casos, estas culturas se caracterizan porque consideran que los acontecimientos importantes o bien ya han ocurrido o están ocurriendo justo ahora. En líneas generales, se espera una gratificación inmediata y se da una gran importancia a las tradiciones. Si algo caracteriza a estas culturas es que suelen ser marcadamente consumistas y que, a nivel económico, se da más importancia a la obtención rápida de beneficios, así como a la resolución inmediata —aunque no necesariamente estructurada ni duradera— de los problemas. Por el contrario, las sociedades con una orientación a largo plazo dan gran importancia a lo que pueda ocurrir en el futuro, y no necesitan una gratificación inmediata. Las tradiciones se adaptan al cambio y, a nivel económico, prima el ahorro, la inversión y tener una buena posición en el mercado. Asimismo, ante posibles problemas, se tratan de adoptar soluciones estructuradas, aunque se pueda tardar más en resolverlo. Si pensamos en la mayoría de las culturas occidentales, entenderemos que el cortoplacismo es uno de los causantes de la situación de cambio climático actual.

Por último, una de las dimensiones que no estaban originalmente en la teoría de Hosftede y que este introdujo posteriormente es la de indulgencia frente a la represión. En las sociedades indulgentes, se promueve la gratificación de los impulsos humanos destinados al goce y al disfrute. La expresión pública de afecto se considera una normalidad. En las sociedades que tienen un alto grado de represión, suele haber normas sociales estrictas que promueven el control de los impulsos y de la expresión pública de afecto, por ejemplo.

Como ya hemos mencionado en varias ocasiones, sin embargo, todas estas dimensiones operan a lo largo de continuos. Además, las culturas son dinámicas y van experimentando cambios. Por ejemplo, culturas o sociedades que eran muy colectivistas pueden ir desarrollando rasgos cada vez más individualistas.

Aunque menos conocida que la taxonomía de Hofstede, otra clasificación cultural que goza de cierta popularidad entre la gente de negocios es la del teórico y consultor Fons Trompenaars y el investigador británico de la escuela de negocios de la Universidad de Cambridge Charles Hampden-Turner. Como consultores de dirección de empresas, publicaron el libro *Cabalgando las olas de la cultura, comprendiendo la diversidad cultural en los negocios* (1997), en el que presentan un modelo basado en más de 46.000 cuestionarios a directivos de empresas de más de 40 países. Aunque su enfoque está en el mundo de la empresa y los negocios, su taxonomía muestra rasgos semejantes a las que hemos visto anteriormente. Así pues, estos autores argumentan que existen siete dimensiones o continuos que caracterizan a los individuos de distintas culturas (como Hofstede, estos autores se centran fundamentalmente en «culturas nacionales»). Estas siete dimensiones son las siguientes:

1. Universalismo frente a particularismo
Las sociedades universalistas dan gran importancia a las normas, leyes, valores y obligaciones, tanto es así que estas normas van por delante de cómo se trata a los individuos, sin excepciones; en las sociedades particularistas, sin embargo, cada contexto, cada situación, es la que dicta las normas y no al revés, la excepción es lo habitual.

2. Individualismo frente a comunitarismo
Como ya hemos visto anteriormente, las sociedades individualistas son aquellas en las que se da mayor importancia al individuo, su libertad personal y sus logros. Para las sociedades colectivistas, el grupo es más importante que el individuo en sí, y proporciona seguridad y ayuda a cambio de lealtad.

3. Específico frente a difuso
En las culturas específicas, el trabajo y la vida personal ocupan esferas separadas y, aunque se valora una buena relación con los compañeros de trabajo, no se considera imprescindible. Por el contrario, en las culturas difusas ambas áreas se solapan y mantener buenas relaciones con los compañeros del trabajo se considera esencial para lograr objetivos.

4. Neutral frente a emocional

El control de las emociones se considera primordial en las culturas neutras, en las que predomina la razón en la toma de decisiones más que los sentimientos. Como consecuencia, no resulta fácil determinar qué piensan los individuos, ya que suelen ocultar sus verdaderos sentimientos. Mientras tanto, en las culturas más emocionales, los individuos no tienen ningún tipo de reparo a la hora de expresar sus emociones, de forma espontánea, incluso en el trabajo. De hecho, en estas sociedades se valora positivamente la capacidad de mostrar emociones.

5. Logro frente a adscripción

Las sociedades de logro son aquellas en las que somos lo que hacemos, y nuestra valía se basa en ello. En las sociedades de adscripción, se nos valora por quiénes somos. Nuestro título, poder y posición en estas sociedades tienen gran importancia, ya que es lo que nos define.

6. Tiempo secuencial frente a tiempo síncrono

En las culturas de tiempo secuencial, los acontecimientos se suceden de acuerdo con un orden. Como consecuencia, se valoran muy positivamente la puntualidad, la planificación (y cumplir dichos planes), de forma que se mantengan los tiempos previamente establecidos. Como ya vimos al hablar del tiempo monocrónico, en estas sociedades el tiempo se concibe como un bien preciado (el tiempo es oro). Mientras tanto, en las culturas síncronas, pasado, presente y futuro se conciben como partes relacionadas de un todo y a menudo se llevan a cabo varias acciones de forma simultánea, con una visión muy flexible de las planificaciones temporales.

7. *Dirección interna frente a dirección externa*

Finalmente, Trompenaars y Hamden-Turner distinguen entre las sociedades con una dirección interna y aquellas con una dirección externa. Las primeras son aquellas en las que los individuos creen en la capacidad de controlar la naturaleza y el medio ambiente para conseguir sus objetivos. Esto incluye también cómo se trabaja en equipo y dentro de una organización (no olvidemos que el foco de estos autores está en el mundo de la empresa). Las segundas son sociedades cuyos individuos creen que son la naturaleza y el medio ambiente los que ejercen el control. En el trabajo, se centran en los demás y evitan el conflicto en la medida de lo posible.

A pesar de la importancia y la utilidad de estas taxonomías culturales, es esencial repetir una advertencia que ya se hizo al comienzo de la sección. Efectivamente, estos modelos culturales pueden dar lugar, con demasiada facilidad, a los estereotipos culturales (especialmente aquellos relacionados con las culturas nacionales). Como hemos ido viendo y seguramente ya se haya intuido, las culturas son extremadamente complejas y no se las puede reducir a clasificaciones simplistas ni tampoco a meras culturas nacionales o de países. De hecho, los individuos pueden ser reflejo parcial de su cultura, pero también tienen rasgos individuales que no tienen ni siquiera por qué coincidir con estos «patrones». Por ejemplo, el psicólogo Harry Triandis (2001) distingue entre individuos idiocéntricos y alocéntricos. Los primeros son aquellos que se identifican con los valores prevalecientes en su cultura mientras que los segundos son aquellos que no lo hacen. Por ejemplo, imaginemos que nuestra cultura se define como altamente colectivista, pero nuestra forma de ser es altamente individualista. En casos como este, Triandis nos consideraría individuos alocéntricos.

CAPÍTULO 2

¿Qué es la pragmática?

Cuando un diplomático dice sí, quiere decir «quizá»;
cuando dice quizá, quiere decir «no»;
si dice no, no es un diplomático.
Cuando una dama dice no, quiere decir «quizá»;
cuando dice quizá, quiere decir «sí»;
si dice sí, no es una dama.

Voltaire

1. Introducción

Cuando interactuamos con otros, no siempre decimos aquello que realmente queremos decir. Por ejemplo, si alguien exclama «¡qué calor!» con la intención de que alguien abra una ventana o le preste un abanico que está utilizando, el hablante estaría realizando, de forma implícita, una petición al otro. Si por el contrario hiciera mucho frío en ese lugar y alguien exclamara lo mismo, diríamos que se trata de un comentario irónico, en el que el verdadero significado de la oración es precisamente lo contrario. Dado el contexto apropiado, hasta podría utilizarse como una frase para coquetear con alguien. Esto nos lleva a dos preguntas cruciales:

- ¿Cómo es posible que sepamos qué quiere decir alguien incluso cuando no dice lo que quiere decir?
- ¿Por qué no siempre decimos lo que realmente queremos decir?

En términos muy llanos, de este tipo de cuestiones es de lo que se ocupa la pragmática. Dentro de la lingüística, la pragmática es una de las áreas cuyo foco está en el estudio de la interacción en un contexto.

Históricamente, podemos decir que la pragmática es una de las áreas más «jóvenes» dentro de la lingüística, frente a otras como la morfología o la sintaxis, que ya se estudiaban en la Grecia clásica. Concretamente, la pragmática (al menos la corriente que vamos a ver en este volumen) se inicia en 1938 con la publicación del trabajo de Morris, pero no es hasta la década de los sesenta cuando empieza a adquirir importancia como campo de estudio, con los trabajos de filósofos del lenguaje como John Austin, o John Searle, de los que hablaremos en más detalle en secciones posteriores.

A diferencia de la semántica, que se centra en el estudio del significado más estable de las palabras, la pragmática se centra en qué quieren decir los hablantes en un contexto determinado cuando producen una expresión, así como en cómo el oyente interpreta aquello que ha oído. Ambos aspectos (el significado de lo que dice el hablante como la interpretación del oyente) tienen la misma importancia para el estudio de la pragmática, ya que no podemos concebir uno sin el otro. En palabras de la pragmática Jenny Thomas (1995: 22), «el significado no es algo inherente en las palabras mismas, ni tampoco lo produce solamente el hablante, o solamente el oyente. Significar es un proceso dinámico».

En términos más cotidianos, podemos decir que uno de los rasgos más importantes de la pragmática es que estudia las opciones que decidimos elegir como hablantes cuando llevamos a cabo una acción comunicativa o acto de habla. Por ejemplo, si queremos solicitar una carta de recomendación de una profesora, podemos elegir distintas formas de dirigirnos a ella en nuestro e-mail, desde las más formales («estimada señora X», «estimada profesora») hasta formas más cercanas y familiares como el empleo del nombre de pila. Este tipo de elecciones puede afectar al modo en que el receptor reacciona a ese e-mail (lo que en pragmática se conoce como «efecto perlocutivo»). A menudo, es el contexto el que nos ayuda a decidir a favor de una opción o de otra. Por ejemplo, si nuestra relación con esta misma profesora es cercana, y sabemos que es una persona accesible, tal vez optemos por un saludo más informal y optar por un saludo demasiado formal puede resultar inapropiado. El contexto, por lo tanto, es de una importancia crucial en la pragmática, como veremos en la siguiente sección.

2. La importancia del contexto

Como acabamos de mencionar, el contexto es una noción central en el estudio de la pragmática, ya que nos ayuda a entender qué puede querer decir (y no solo qué esta diciendo) nuestro interlocutor. Imaginemos el siguiente ejemplo, que procede de otra figura importante dentro de la pragmática, Jacob Mey (2002: 41), quien nos plantea la siguiente proposición producida por un esposo ante su mujer:

Esposo: Hace mucho tiempo que no visitamos a tu madre.

Mey nos ofrece después dos contextos diferentes, que alteran por completo el verdadero significado de la proposición inicial:

a. Pareja de esposos que están conversando en su salón comedor.
b. Pareja de esposos que están visitando el zoo, justo delante de los hipopótamos.

Un problema con el término «contexto» es que lo empleamos con mucha frecuencia, pero no siempre resulta fácil de definir, ya que es dinámico e incluye tres dimensiones diferentes pero interrelacionadas:

1. El contexto situacional: que se refiere al tiempo y al lugar en que se desarrolla la interacción; es decir, el entorno físico en el que se encuentran el hablante y el oyente. Por ejemplo, si le pido a alguien que cierre la ventana, seguramente esa persona se dirigirá a la ventana más cercana que, obviamente, esté abierta.

2. El co-texto: se refiere al contexto lingüístico en que se enmarca el mensaje. Por ejemplo, imaginemos esta breve interacción de pregunta-respuesta (lo que en lingüística se conoce como pareja adyacente conversacional).

   a. ¿Te vienes al cine?
   b. Tengo un examen mañana a primera hora.

En este co-texto, el hablante A entiende que lo que acaba de decir B es una respuesta a su pregunta, puesto que tiene un examen, la inferencia que A debería hacer para interpretar correctamente esta proposición es que no puede aceptar la invitación.

3. El contexto cultural: como hablantes que pertenecen a una determinada comunidad, todos tenemos una serie de conocimientos (en muchas ocasiones tácitos y que damos por hecho) que nos ayudan a entender los mensajes de nuestros interlocutores. Este contexto cultural también se conoce como conocimiento mutuo o compartido, o como conocimiento del mundo que tenemos en común con otros. Veamos un ejemplo. Imaginemos la siguiente conversación entre dos amigos (A) y (B):

> A: ¿Qué tal con tu nuevo compañero de tenis?
> B: Es como John McEnroe
> A: ¿Tiene un buen saque?
> B: No, tiene muy mal carácter.

En este caso, B necesita tener ese conocimiento del mundo para saber quién es John McEnroe y entender la comparación que hace B. No obstante, hay distintas posibilidades de interpretación, ya que el famoso tenista era famoso por tener un saque excelente pero también por su mal humor.

El contexto también desempeña un papel crucial en los casos de ambigüedad, ya que es normalmente lo que nos permite desambiguar, sobre todo cuando hay términos que pueden tener más de un significado, como es el caso del sustantivo «gato», que puede tener un sentido distinto si cambiamos el contexto y, en lugar de estar hablando de nuestra mascota, estamos hablando de un pinchazo de nuestro coche.

Una visión muy completa del contexto es lo que los lingüistas Halliday y Hassan (1989) denominaron el «contexto de situación», que consiste en tres componentes:

- El campo o acción social, qué está ocurriendo en la interacción. Por ejemplo, una consulta médica.
- El tenor o quiénes participan en dicha acción social, además de qué relación tienen entre sí, qué rol están desempeñando, etc. Por ejemplo, en el caso anterior de la consulta, tendríamos una doctora y un paciente, y aunque la relación entre ellos puede variar si se conocen de hace tiempo, normalmente suele ser una relación de cierta formalidad.
- El modo, o qué papel desempeña el lenguaje en sí. Por ejemplo, en un caso como el que estamos tratando, el lenguaje sería oral, seguramente poco coloquial, pero tampoco demasiado técnico para que el paciente pueda comprender sin dificultad.

De acuerdo con estos autores, el contexto es dinámico y tiene una relación bilateral con el lenguaje. En otras palabras, el contexto nos ayuda a entender el mensaje, pero también podemos predecir qué tipo de lenguaje va a producirse en un contexto determinado, gracias a nuestro conocimiento del mundo. Son una especie de «guiones» que conocemos de interacciones previas y que, aunque pueden tener variaciones, suelen seguir estructuras y patrones homogéneos.

3. Haciendo cosas con las palabras o la teoría de los actos de habla

El origen de la teoría de los actos de habla se remonta a 1962, con la publicación del trabajo de John Austin *Cómo hacer cosas con las palabras*. Su teoría, en contraposición con el positivismo lógico que imperaba en ese momento, es que cuando expresamos una proposición no siempre expresamos hechos verdaderos o falsos, sino que, en muchas ocasiones, desarrollamos una acción.

Para Austin, cuando decimos algo estamos llevando a cabo tres acciones simultáneas:

1. Un acto locutivo: que consiste en la mera expresión de nuestro mensaje.
2. Un acto o fuerza ilocutiva: que se refiere a cuál es la intención del hablante al producir ese mensaje. Por ejemplo, si le digo a alguien, «ya lo recojo yo cuando salga del trabajo», estoy comprometiéndome a hacer algo (recoger un traje de la tintorería, por ejemplo).
3. Un acto o efecto perlocutivo: que hace referencia a la reacción que se produce en el interlocutor. Por ejemplo, si mi interlocutor necesita ese traje, pero no tiene tiempo de ir a recogerlo, seguramente su reacción será de alivio y de agradecimiento.

Como viene siendo habitual cuando hablamos de pragmática, el contexto es de vital importancia y un mismo acto locutivo puede tener distintas interpretaciones o fuerzas ilocutivas. Pongamos por caso que nuestro hablante (el del traje), lleva tiempo diciendo que va a ir a recogerlo, pero siempre pone excusas para no hacerlo y espera que alguien (nosotros) lo hagamos por él. En este contexto, la expresión «ya lo recojo yo cuando salga del trabajo» sigue siendo un compromiso por parte del hablante de llevar a cabo esta acción, pero también implica un reproche velado («ya que tú nunca lo haces») y, seguramente, el efecto perlocutivo sea también distinto.

Así pues, para Austin, hay oraciones declarativas que no son ni verdaderas ni falsas. De hecho, la condición de ser verdaderas o falsas pasa a ser irrelevante, ya que el hablante no está simplemente dando hechos sino realizando acciones. Es la diferencia entre lo que Austin denomina actos *constativos* (que constatan un hecho y por lo tanto pueden ser falsos o verdaderos) y actos *performativos* (que llevan a cabo una acción).

De acuerdo con Austin, los actos performativos comparten tres rasgos sintácticos, esto es:

— Son oraciones declarativas en presente simple.
— El sujeto (aunque esté omitido) es la primera persona, referido al hablante o hablantes.
— El verbo es un verbo performativo; esto es, aquellos verbos que expresan en sí mismos qué acción llevan a cabo, por ejemplo, «disculparse», «ordenar», «advertir», etc.

Sin embargo, y a pesar de lo revolucionario de su teoría, Austin pronto se enfrentó a una serie de desafíos que le llevaron a tener que reformularla. Por ejemplo, uno de los problemas es que los verbos performativos se pueden utilizar también de manera no performativa, como cuando los utilizamos en pasado («te ordené que recogieras tu habitación»), no siempre hace falta que el sujeto sea la primera persona del singular o del plural («este tribunal lo sentencia a tres años de cárcel»). Es más, hay ocasiones en las que ni siquiera hacen falta sujeto ni verbo («¡culpable!»). Para solventar estos casos, Austin distingue entre dos tipos de actos performativos: los actos performativos explícitos (que sí cumplen los rasgos anteriores) y los actos implícitos, que son aquellos donde estos rasgos no se producen, como en el caso de «¡culpable!».

De nuevo, el contexto es de suma importancia. De hecho, para que un acto performativo pueda serlo realmente, tienen que darse una serie de condiciones contextuales que Austin denomina «propicias» (*felicitous*, en inglés). Más concretamente, Austin distingue tres categorías de condiciones propicias:

- Si existe un procedimiento convencional, tanto los participantes como las circunstancias tienen que ser las propicias.
- El procedimiento se tiene que llevar a cabo de principio a fin y de acuerdo con la convención establecida.
- Los participantes deberían de tener los sentimientos e intenciones adecuadas. Esta última condición, conocida también como la condición de sinceridad, ha sido muy cuestionada, ya que no es posible determinar con certeza si un interlocutor realmente está siendo sincero.

Por ejemplo, imaginemos una boda civil. Para que la pareja que contrae matrimonio se considere oficialmente casada, es preciso que haya dicha pareja y una persona que sea encargada de oficiar la ceremonia (alcalde, concejal, etc.). Es preciso también que haya unos testigos y que el procedimiento se desarrolle de acuerdo con unas normas y expresiones formularias. Cuando se les pregunta a los novios si consienten, la respuesta «propicia» es precisamente la fórmula «sí, consiento» para que el acto tenga validez. Si uno de los contrayentes dice «vale, ¿por qué no?», el procedimiento no tiene validez.

Aunque el trabajo de John Austin es revolucionario en el campo de la pragmática, la clasificación de actos de habla más reconocida y empleada hasta la fecha es la de su discípulo, John Searle, quien distingue cinco grandes categorías de actos de habla, a saber:

1. *Actos representativos*: en los que el hablante utiliza el lenguaje para reflejar una realidad (corresponden a los actos constativos de Austin). Por ejemplo, si digo, «en este cuarto hace mucho frío», estoy constatando una realidad.

2. *Actos directivos*: son aquellos en los que el hablante instiga a alguien para hacer (o no hacer) algo, ya sea en beneficio propio o no. Por ejemplo, cuando ordenamos algo a alguien, o hacemos una sugerencia, una prohibición, una invitación, damos un consejo, etc.

3. *Actos comisivos*: son aquellos en los que el hablante se compromete a llevar a cabo una acción futura, como en el caso de las promesas.

4. *Actos expresivos*: son los actos por los que un hablante expresa sus sentimientos, emociones, evaluaciones, etc. Como por ejemplo cuando hacemos un cumplido a alguien, o nos disculpamos.

5. *Actos declarativos*: corresponden a los actos performativos de Austin, ya que la mera expresión de las palabras da lugar a un cambio de realidades. Por ejemplo, en el caso de la boda, cuando el oficiante pronuncia «yo os declaro marido y mujer», las dos personas contrayentes oficialmente cambian de estatus legal.

Sin embargo, muy a menudo, lo que puede parecer un simple acto representativo es realmente un acto directivo. Por ejemplo, si entro en una habitación y digo que hace mucho frío, posiblemente no estoy solamente constatando una realidad (que también), sino que deseo que alguien haga algo al respecto, como encender un radiador o cerrar esa ventana que está abierta de par en par. Muy frecuentemente, por ejemplo, nuestras oraciones interrogativas no son preguntas en las que buscamos información, sino peticiones u órdenes educadas. Imaginemos que alguien nos pregunta «¿tienes un boli?» con la intención de que se lo prestemos y nosotros simplemente contestamos a la pregunta con «sí, claro» pero no hacemos nada más. Sería de lo más chocante para nuestro interlocutor, porque no estaba meramente formulando una pregunta sino pidiéndonos una acción.

En efecto, y en general por cuestiones de cortesía, la mayoría de los actos de habla que producimos suelen ser indirectos. En cualquier caso, y como veremos en capítulos posteriores, la cuestión de ser más o menos directos en nuestra forma de producir actos de habla está muy mediatizada por nuestra cultura. Más aún, lo que hemos llamado actos de habla indirectos suelen estar tan convencionalizados que ni nos planteamos que sean indirectos. De lo contrario, comunicarse sería realmente difícil, como veremos en la siguiente sección, en la que se trata otro de los principios centrales de la pragmática: la implicatura.

4. ¿Qué son las implicaturas?

Muy posiblemente, la noción de implicatura es la más importante en el estudio de la pragmática, ya que entraña la diferencia entre lo que decimos y lo que realmente queremos decir. Si lo pensamos detenidamente, somos menos literales de lo que creemos. Por eso, cuando tratamos con niños pequeños que todavía no han desarrollado del todo su competencia pragmática, pueden ocurrir malentendidos, ya que suelen interpretar nuestras expresiones de modo muy literal, como en esta conversación real entre un niño de dos años y su madre:

Madre: límpiate los pies antes de entrar.
El niño se quita los zapatos y los calcetines y se frota los pies con las manos.
Madre: noooo, ¡no me refería a eso!
Niño (confundido): pero, mami, eso es lo que me has dicho que haga.

Para tratar de explicar cómo es posible que, como interlocutores, seamos capaces de entender el verdadero sentido de lo que nos están diciendo, Paul Grice desarrolló lo que se denomina el *principio de cooperación*, que Levinson (1983: 99) define de la siguiente manera: «Intenta que tu contribución conversacional sea la requerida, en el momento en el que debe ocurrir, con el propósito e intención del intercambio en que estás participando».

Lo más revolucionario de la teoría de Grice es que se centra no solo en los hablantes sino también en los oyentes; concretamente, en cómo los oyentes son capaces de inferir correctamente aquello que se les está diciendo (incluso cuando no es explícito). Así pues, el principio de cooperación consiste en cuatro máximas: cantidad, calidad, relevancia y modo.

La *máxima de cantidad* tiene que ver con la cantidad de información que nuestros interlocutores esperan que les proporcionemos. Como vemos, es muy difícil saber exactamente cuándo es suficiente, pero es un acuerdo tácito que forma parte de nuestro proceso de aculturación. Por ejemplo, si alguien nos pregunta «¿quieres tomar algo?», esperan que, además de sí, digamos qué queremos beber. Decir solo «sí» sería ser poco cooperativos, ya que la información proporcionada no es suficiente para nuestro interlocutor. De nuevo, y como veremos posteriormente, puede haber diferencias culturales y lo que en una cultura puede ser información más que suficiente puede considerarse demasiado poco en otra. Esta diferencia suele ser todavía más acusada entre las culturas de alto y bajo contexto. Por ejemplo, imaginemos la siguiente oferta de A a B:

A: ¿Quieres tomar algo?
B: Una tónica.

La respuesta de B es totalmente informativa, porque le dice a A lo que desea tomar. Sin embargo, si la relación entre ambos no es muy estrecha, A puede pensar que la respuesta de B es demasiado brusca, ya que no hay ninguna muestra de agradecimiento.

La *máxima de calidad* se refiere al grado de veracidad que tenemos como hablantes cuando constatamos algo. En términos más cotidianos, no deberíamos hablar de lo que tenemos evidencia como si fuera un hecho (aunque hay mucha gente, desgraciadamente, que sí lo hace). De nuevo, es mucho más fácil decirlo que hacerlo. Por ejemplo, en muchas culturas es pragmáticamente más adecuado mentir con el fin de preservar la armonía social que ser honestos y destruirla. Pensemos, por ejemplo, en las conocidas como «mentiras piadosas», justamente estamos incumpliendo la máxima de calidad. En otras culturas, sin embargo, se valora más la honestidad, incluso si la información que recibimos no es totalmente de nuestro agrado.

La *máxima de relevancia* es, para muchos pragmáticos, la más importante, puesto que da lugar a la teoría de la relevancia. No obstante, para Grice esta máxima es diferente, ya que para él tiene más que ver con el tema de la conversación, como si dijéramos. Así pues, si alguien nos está hablando de un tema y nosotros hablamos de otro, estaríamos incumpliendo la máxima de relevancia. Por ejemplo, imaginemos que alguien nos dice «están llamando a la puerta» y nosotros respondemos «estoy en el baño», en teoría nuestra respuesta no está relacionada con el tema de conversación y el hablante tiene que inferir que, si estamos en el baño, nosotros no podemos ir a atender la puerta. Sin embargo, resulta muy difícil que alguien no infiera correctamente lo que esta respuesta significa realmente. Como veremos después, aquí es donde la teoría de la relevancia entra en escena.

Por último, la *máxima de modo* hace referencia a cómo empleamos el lenguaje. Concretamente, Grice sugiere que los hablantes deberían de evitar términos ambiguos, vagos, y ser breves y ordenados en su mensaje. En términos cotidianos, lo que esto quiere decir es que deberíamos ser tan claros como nos resulte posible, evitando expresiones vagas o ambiguas. El maestro Yoda, de Star Wars, suele incumplir esta máxima con su modo de hablar tan poco habitual.

Sin embargo, si nos fijamos en la definición de esta máxima, incluye la brevedad, lo que supone un solapamiento con la máxima de cantidad. En efecto, esta es una de las críticas que se le hace a Grice, además de otras que veremos más adelante, y que permitieron desarrollar la teoría de la relevancia.

4.1. Incumplir las máximas

De acuerdo con Grice, cuando cumplimos las máximas (que operan de manera simultánea), estamos siendo cooperativos. Sin embargo, como ya hemos visto, es bastante frecuente incumplir las máximas (no necesariamente todas a la vez, pero sí alguna de ellas o varias). Grice distingue cinco formas de desobedecer las máximas:

- *Incumplir* para generar una implicatura (en inglés, *flout*): esta es la forma más estudiada en pragmática, ya que supone que el hablante incumple las normas de forma obvia para el oyente, de tal modo que dicho oyente sea capaz de inferir un sentido extra e implícito.

- *Violar*: al igual que en el caso de incumplir, el hablante viola alguna o varias máximas de forma consciente, pero lo hace de tal modo que no resulta obvio para el oyente, con el fin de engañarlo. Por ejemplo, si mentimos y lo hacemos muy bien, el oyente tenderá a pensar que estamos siendo cooperativos y diciendo la verdad.

- *Infringir*: al contrario que en los dos casos anteriores, el hablante no es realmente consciente de estar infringiendo las máximas, por ejemplo, porque está muy nervioso, o no tiene suficiente manejo del lenguaje si se está expresando en una lengua que no es la suya materna, tiene algún problema o discapacidad (afasia, etc.).

- *Objetar*: podemos decirle a nuestro interlocutor, de manera explícita, que no queremos cumplir las máximas ni ser cooperativos, bien porque no lo deseamos o porque no podemos. Por ejemplo, cuando alguien dice «es un tema confidencial, no puedo hacer ningún comentario al respecto», está objetando a cumplir las máximas.

- *Suspender*: como explica Jenny Thomas (1995: 76-78), las máximas se suspenden si no hay ningún tipo de expectativa por parte de los interlocutores de que haya que cumplirlas. Aunque también existen diferencias culturales, si pensamos, pongamos por caso, en un panegírico de alguien que ha fallecido, no se espera que digamos sino cosas positivas y loables de esa persona.

Un caso todavía más claro es el de la poesía, donde las máximas simplemente cesan de importar.

A continuación, veremos en más detalle las distintas máximas y ejemplos ilustrativos. Como ya se ha mencionado, el incumplimiento flagrante de las máximas para generar implicaturas es el más estudiado en pragmática. De acuerdo con Grice, cuando un hablante incumple una máxima (o varias), quiere decir sin llegar a decir, esto es, implicar un significado que luego podamos negar fácilmente («yo no he dicho eso»). Por ejemplo, en el siguiente extracto, podríamos decir que B está incumpliendo la máxima de cantidad porque solamente responde a un aspecto de la camisa y no sobre el todo, posiblemente porque no le gusta del todo su forma, su hechura, etc., pero intenta decir algo positivo para no herir los sentimientos del interlocutor:

A: ¿Te gusta la camisa que me he comprado?
B: Bueno, el color es muy bonito.
A: Entonces no te gusta.
B: Yo no he dicho eso.

Los interlocutores incumplen la máxima de calidad cuando dicen algo que no coincide con lo que realmente quieren decir; por ejemplo, cuando somos irónicos, decimos justo lo contrario de lo que queremos decir. Imaginemos que hace un día frío, lluvioso, realmente desagradable y alguien nos dice «Qué día tan precioso». A menudo, simplemente estamos violando la máxima de calidad. Por ejemplo, cuando vamos de compras y no nos gusta algo, tendemos a buscar una excusa como «me lo voy a pensar y si eso vuelvo ya otro día» para el dependiente en lugar de decirle directamente «no me gusta nada, no me lo llevo», que podría resultar algo más brusco y maleducado.

No obstante, este tipo de respuestas son tan convencionales que podemos decir que el dependiente entiende perfectamente que no tenemos ninguna intención de llevarnos ese producto y simplemente estamos siendo corteses. Expresiones como estas son tan frecuentes que, aunque sean violaciones, podemos decir que sí generan una implicatura. Imaginemos otro contexto, pensemos en alguien que le pide una cita a otra persona y esta no quiere salir porque no acaba de gustarle. Como es habitual en pragmática, tenemos distintas opciones, pero solemos elegir aquella que se considera más apropiada y cortés dentro de nuestra cultura. Pensemos, por ejemplo, en posibles respuestas como «no saldría contigo ni en sueños» frente a «muchas gracias, pero es que estoy muy ocupada esta semana».

Dentro de estas expresiones estandarizadas que no respetan (bien por violación bien por incumplimiento) la máxima de calidad, podemos incluir las exageraciones o hipérboles, como, por ejemplo, «tengo tanta hambre que me comería una vaca» y los eufemismos como «ya no está con nosotros» en lugar de decir «ha muerto».

Los hablantes que incumplen la máxima de relevancia esperan que sus oyentes tengan la capacidad de inferir todo lo que *no* se ha dicho, con el fin de conectar lo que sí se ha dicho con esta otra información implícita, como en el siguiente ejemplo de Jenny Thomas (1983):

Estábamos hablando de que las mujeres también deberían poder ser sacerdotes. El obispo me preguntó mi opinión al respecto. «¿Qué opinas? ¿Crees que las mujeres podrían ser sacerdotes?». Yo pensé «mientras no sea yo quien tenga que ser sacerdote, por mí como si se hacen sacerdotes los gorilas amaestrados».

–Sí, por supuesto –intervino George, mi marido. Susan está totalmente a favor. De hecho, está incluso más a favor que yo. ¿A que sí, cielo?

–¿Alguien quiere más guarnición? –dije.

En este ejemplo, vemos claramente cómo Susan, en lugar de decir lo que piensa realmente, que podría resultar ofensivo para sus interlocutores, simplemente ignora la pregunta y cambia totalmente de tema para evitar dar su opinión abiertamente.

Por último, los hablantes que incumplen la máxima de modo alteran el lenguaje con el objetivo de ser ambiguos o no del todo específicos, a menudo para excluir a un tercero, como en este ejemplo que nos da Joan Cutting (2015), en el un padre y una madre tratan de hablar de forma que su hijo pequeño (ese alguien a quien se refiere el padre) no entienda qué están hablando de salir a comprar helados para el postre:

Madre: ¿Dónde vas?

Padre: Voy a comprar un poco de esa cosa blanca que tanto le gusta a alguien.

Madre: Genial, pero no tardes que vamos a cenar ya mismo.

En resumen, cuando incumplimos una o varias de las máximas, lo hacemos de manera flagrante y obvia porque queremos que nuestro interlocutor sea capaz de inferir que estamos queriendo decir algo más (o diferente) de lo que realmente decimos. Este sentido implícito es lo que denominamos implicatura y, como ya se ha señalado anteriormente, es una de las nociones centrales en el campo de la pragmática. De acuerdo con Grice, la implicatura tiene una serie de propiedades que Jenny Thomas (1994: 78-84) resume como sigue:

- Las implicaturas cambian con el contexto; esto es, si cambia el contexto, puede que la implicatura cambie o incluso desaparezca. Por ejemplo, imaginemos el siguiente intercambio entre un hijo y su padre:

—Hijo: Papá, he sacado un sobresaliente en el examen.
—Padre: ¡Enhorabuena! Estoy muy orgulloso de ti.
—Hijo: ¡Gracias!

Ahora, imaginemos a los mismos participantes, pero en un contexto diferente:

—Hijo: Papá, he suspendido el examen.
—Padre: ¡Enhorabuena! Estoy muy orgulloso de ti.
—Hijo: lo siento, papá, no volverá a suceder.

En el segundo de los contextos, el padre está siendo irónico, tal vez sarcástico, ya que lo que realmente quiere decir es precisamente lo contrario. No está orgulloso del resultado de su hijo, antes, bien al contrario. Como vemos, el hijo infiere la implicatura correctamente y hace una promesa de que no va a volver a suceder, después de disculparse (dos actos de habla diferentes: un expresivo y un comisivo). Supongamos que el hijo no entiende la implicatura y cree que su padre está siendo cooperativo y, por lo tanto, que lo dice es lo que tiene intención de decir, el diálogo podría ser bastante surrealista:

—Hijo: Papá, he suspendido el examen.
—Padre: ¡Enhorabuena! Estoy muy orgulloso de ti.
—Hijo: Pero ¿cómo vas a estar orgulloso de mí si he suspendido el examen?

— Anulabilidad o impugnabilidad: cuando una implicatura es una implicatura de verdad, siempre la podemos cancelar, simplemente añadiendo más información. En mi opinión, esta propiedad es tal vez la más definitoria de las implicaturas. Por ejemplo, pongamos por caso que dos hermanas (María y Sonia) sostienen la siguiente conversación:

–María: ¿Ya has recogido del tinte tu chaqueta de terciopelo?
–Sonia: Ah, no, no pienso dejártela.
–María: ¿Quién te está pidiendo que se la dejes? Solo te lo decía porque yo llevé el otro día una camisa y me la han estropeado, para que no te pase lo mismo.
–Sonia: ah, ¿sí? Vaya…

Como vemos, puede que María realmente estuviera pidiendo prestada de forma implícita la chaqueta, pero le resulta muy sencillo cancelar la implicatura simplemente añadiendo más información. Realmente, cuando implicamos, es verdad que no hemos dicho aquello que se dice que hemos dicho, al menos no de forma explícita. Además de estas dos propiedades, que, en mi opinión, son las centrales, Grice distingue otras que han sido especialmente criticadas (sobre todo la última): imposibilidad de reformular y calculabilidad.

— Imposibilidad de reformular: lo que esto quiere decir es que, dado el mismo contexto, no importa si empleamos un sinónimo, la implicatura sigue presente. Por ejemplo, si acusamos a alguien de que está mintiendo y nos responde que no está mintiendo, sino que no está diciendo toda la verdad. Por mucho que reformule su expresión, la implicatura sigue estando presente.

— Calculabilidad: es la propiedad según la cual, cuando se produce una implicatura, el oyente llega a la inferencia correcta a través de una serie de pasos que pueden ser calculados. Si retomamos el ejemplo del padre y el hijo, Grice nos diría que hay al menos cuatro pasos que podemos calcular para que el hijo llegue a la conclusión, en el ejemplo en el que el padre está siendo irónico, de que realmente no está orgulloso de él sino todo lo contrario. Estos pasos serían los siguientes:

1. El padre ha expresado orgullo al oír que su hijo ha suspendido.

2. No hay ejemplos previos en el conocimiento del mundo del hijo de padres que estén orgullosos cuando sus hijos suspenden un examen.

3. El padre no está intentando mentir a su hijo, sino que quiere darle un sentido diferente a su proposición relacionada con la que ha expresado explícitamente.

4. Esta proposición relacionada con la que ha expresado es precisamente la contraria: no está orgulloso de su hijo sino todo lo contrario.

Como ya hemos mencionado antes, esta propiedad ha recibido numerosas críticas, al igual que la teoría de Grice en general. Entre otras críticas, podemos señalar por su importancia en este volumen, que la teoría del principio cooperativo se concibe desde una perspectiva muy anglo-céntrica, pero no se tienen en cuenta posibles diferencias pragmáticas culturales. Por ejemplo, cuando tras una entrevista de trabajo en España, oímos «ya le llamaremos», sabemos de forma tácita que no estamos entre los elegidos para el trabajo. En este caso, ¿está el hablante violando la máxima de calidad o realmente la está incumpliendo de manera flagrante?

La idea de Grice, sin embargo, de que es el oyente el que tiene que realizar el esfuerzo de la inferencia y cómo llega hasta ella, es revolucionaria en sí misma y no se había considerado hasta entonces. De hecho, sienta las bases para un modelo comunicativo inferencial, donde el hablante ofrece una serie de «pistas» para que el oyente pueda inferir correctamente un significado implícito a partir de uno explícito. Estas bases son el punto de partida para la teoría que se desarrolló posteriormente y que sigue siendo central en el estudio más actual de la pragmática: la teoría de la relevancia, desarrollada por la lingüista Deirdre Wilson y el antropólogo y lingüista Dan Sperber.

De acuerdo con estos autores, no precisamos más que de la máxima de relevancia para entender la comunicación humana y el proceso de inferencia. De ahí el nombre de su teoría. En efecto, la cognición humana parece enfocarse en ampliar y mejorar el conocimiento del mundo y está, por lo tanto, orientada hacia la relevancia. En otras palabras, como seres humanos, procesamos aquello que consideramos información importante (relevante) y tratamos de hacerlo de manera cognitivamente eficaz (con el mínimo esfuerzo). La búsqueda de relevancia es un rasgo básico de la cognición humana y, como tal, lo explotamos al interactuar y comunicarnos con otros. Sin embargo, es importante señalar también que la relevancia no es una cuestión de todo o nada, sino que puede tener distintos grados.

Uno de los principales argumentos de esta teoría es que lo que hace que un estímulo sea digno de nuestra atención frente a los múltiples estímulos que nos rodean no es solo que sea relevante, sino que sea más relevante que otras alternativas que tenemos a nuestra disposición. Existen, pues dos rasgos que hacen que un estímulo sea más o menos relevante: de una parte, si nos permiten ampliar o corregir nuestro conocimiento del mundo (lo que se conoce como efectos proposicionales) y, de otra parte, si nos resulta fácil o relativamente fácil de procesar. De lo contrario, nuestra mente podría perder interés.

Además de estos efectos proposicionales, también hay otros efectos que, aunque no son proposicionales en sí mismos (esto es, no añaden nueva información a nuestro conocimiento del mundo), pueden resultarnos relevantes por otro tipo de efectos como el placer, el entretenimiento, sentirnos vinculados a un grupo que nos importa, etc. Por ejemplo, cuando alguien comparte con nosotros un meme en WhatsApp, seguramente no ampliemos nuestro conocimiento del mundo, pero nos parece relevante verlo y responder por los efectos no proposicionales que tiene: nos ha hecho reír, nos hace sentir más cercanos a esa persona que nos lo ha enviado, etc.

5. ¿Qué es la cortesía?

Como hemos visto en secciones anteriores, hay muchas ocasiones en que incumplimos las máximas o parece que nuestra información es menos relevante de lo que esperamos. En muchas de estas ocasiones, lo que estamos haciendo es darle más importancia a la cortesía que a la información en sí. Aunque, como hablantes y seres sociales, todos tenemos una noción de qué es la cortesía (aunque puede variar, y mucho, dependiendo de nuestro contexto cultural), en el ámbito de la pragmática nos centramos más bien en la cortesía verbal, o más concretamente, en las opciones lingüísticas que empleamos para mostrar dicha cortesía.

Hay muchas teorías acerca de qué es la cortesía verbal, pero podemos decir que una de las pioneras en el estudio de la cortesía verbal es la lingüista Robin Lakoff, quien, a comienzos de la década de los setenta (1973), propuso en su obra *La lógica de la cortesía* incluir un principio de cortesía basado en tres máximas:

1. Máxima de no imposición: consiste en paliar el grado de imposición hacia nuestro oyente cuando, por ejemplo, le pedimos que haga algo. En español, por ejemplo, puede hacerse a través del uso de atenuadores como el diminutivo: «¿me puedes hacer un favorcito?»
2. Máxima de opcionalidad: consiste en dar opciones a nuestro interlocutor, por ejemplo, cuando añadimos expresiones como «pero solo si puedes», «si no, ya si eso otro día».
3. Máxima de bienestar: está relacionada con hacer que otros se sientan mejor, por ejemplo, a través de los cumplidos: «¡Qué buena pregunta!»

Este principio de cortesía, paralelo al principio de cooperación de Grice que hemos visto anteriormente, fue desarrollado después por el lingüista y pragmático británico Geoffrey Leech, quien una década después publicó *Principios de la Pragmática* en 1983, donde postulaba la existencia de seis máximas, a saber:

1. Máxima de tacto: de acuerdo con la cual, los hablantes minimizan la expresión de imposición o esfuerzo para el interlocutor (mediante atenuadores, por ejemplo) y maximizan la expresión de beneficios para dicho interlocutor. En otras palabras, si pedimos que

alguien haga algo (un acto de habla directivo), tratamos de mitigar la imposición. En español, por ejemplo, es muy frecuente (al igual que en inglés) emplear
la oración interrogativa en lugar del imperativo para
hacer peticiones, y podemos mitigar la imposición
empleando el verbo en modo condicional, como en
«¿Podrías venir?»

2. Máxima de generosidad: de acuerdo con esta máxima,
los hablantes maximizan los beneficios para los oyentes y minimizan el beneficio propio. Por ejemplo, se
estaría aplicando esta máxima si le decimos a nuestra
pareja, que acaba de llegar del trabajo después de un
día largo: «tú descansa, que ya hago yo la cena». Leech
considera que las máximas de tacto y de generosidad
van emparejadas.

3. Máxima de aprobación: según esta máxima, los
hablantes deberíamos de minimizar la desaprobación
del otro y maximizar la aprobación del otro. Intui-
tivamente, todos sabemos que, en líneas generales,
alguien suele preferir un cumplido o una alabanza
a una crítica. De nuevo, y como veremos después,
uno de los grandes problemas de la teoría de Leech es
que, dado su carácter anglo-céntrico, no se tienen en
cuenta las diferencias culturales.

4. Máxima de modestia: al igual que las máximas de tacto
y generosidad forman una pareja, así también las de
aprobación y modestia. Digamos que son las dos caras
de la misma moneda. Mientras que la aprobación y
alabanza al otro se consideran generalmente corteses,
la alabanza a uno mismo se puede percibir en muchos
entornos culturales (pero no en todos) como algo a evitar. Así, lo habitual en muchas culturas ante la recep-

ción de un cumplido o alabanza es mostrar modestia, por ejemplo, ante el cumplido «¡Qué vestido más bonito!», una respuesta que pone en marcha la máxima de modestia sería «pues tiene muchos años» en lugar de «ya lo sé, me queda genial». No obstante, esta última opción también es más que posible, sobre todo en contextos más humorísticos donde estamos interactuando con personas con quienes tenemos una relación cercana (Maíz-Arévalo, 2021, 2022). El uso del humor, como veremos posteriormente, es de hecho una estrategia muy efectiva para generar afiliaciones con otros, aunque dado su carácter fuertemente cultural, también puede ser arriesgado en situaciones de contacto intercultural.

Finalmente, Leech incluye dos máximas adicionales que no están emparejadas como en los casos anteriores, estas son la máxima de acuerdo y la de simpatía.

5. Máxima de acuerdo: consiste en minimizar la expresión de desacuerdo entre nosotros y nuestros interlocutores, y maximizar la expresión de acuerdo entre ambas partes. Sin embargo, Leech advierte que no está argumentando que no se pueda estar en desacuerdo, simplemente que, podríamos añadir, en el caso del inglés británico, lo más cortés es no mostrar el desacuerdo de forma directa y sin mitigar. Esto es, en lugar de decirle a alguien «no, no estoy de acuerdo contigo», se consideraría más educado decirle «bueno, puede que tengas razón, pero creo que también es posible verlo de manera distinta». En este caso, y una vez más, se hace palpable el anglo-centrismo de la

teoría, ya que mientras que esta máxima puede ser aplicable en muchas culturas, hay otras en las que el desacuerdo, lejos de percibirse como descortés, puede servir como forma de afiliar a los interlocutores.

6. Máxima de simpatía: se refiere al sentido griego del término, por el que mostramos comprensión y/o empatía hacia nuestro interlocutor. Se incluyen aquí un grupo de actos de habla como las felicitaciones, la expresión de condolencias, o la conmiseración, incluso si muchas de estas manifestaciones de simpatía no siempre son totalmente sinceras sino fuente de la convención social.

5.1. La teoría de cortesía de Brown y Levinson

Probablemente se trate de la teoría más conocida y más influyente en cuanto al estudio de la cortesía verbal se refiere. A pesar de que ha recibido numerosas críticas, como veremos más adelante, sigue siendo una teoría muy utilizada en numerosos estudios del ámbito de la pragmática a nivel internacional. La teoría es resultado del trabajo conjunto entre Penelope Brown y Stephen Levinson, que toman como punto de partida para su teoría la noción de «imagen pública» (*face*) del sociólogo Ervin Goffman (1967), quien a su vez toma el concepto de la expresión inglesa «lose face», que podríamos traducir como sentirse avergonzado o, más coloquialmente, quedar mal.

Nuestra imagen pública es la imagen que esperamos que tanto nosotros mismos como otros tengan de nosotros. Aunque cómo vemos y percibimos la imagen pública puede variar culturalmente, la idea en sí misma parece universal (aunque aquí hay fuertes críticas, sobre todo procedentes de estudios de culturas colectivistas). Asimismo, es importante señalar que nuestra imagen pública es dinámica y puede cambiar según el contexto. Por ejemplo, no interactuamos igual ni nos mostramos igual cuando interactuamos con familiares, amigos o con extraños.

Tomando esta noción de imagen pública como punto de partida, Brown y Levinson construyen su teoría de la cortesía en torno a dos distinciones: imagen negativa e imagen positiva. La imagen pública negativa es la necesidad de cada individuo de que sus acciones no se vean impedidas por otros; es decir, tratamos de mantener nuestra libertad de acción, sin que otros nos digan qué tenemos que hacer y, de ser así, que nos lo pidan con un grado de cortesía. De hecho, para muchas personas, es precisamente esta faceta de la cortesía la que asocian en líneas generales con la cortesía verbal.

Por otro lado, la imagen positiva se refiere a nuestra necesidad como individuos de que otros nos muestren aprecio, de formar parte de un grupo, de ser aceptados, de que lo que es importante para nosotros, lo sea también para otros, etc. Aunque esta necesidad de afiliación con otros puede parecer más desvinculada a la cortesía verbal, también se considera cortesía, pero positiva, como veremos a continuación.

Para Brown y Levinson, nuestra imagen (o la de nuestro interlocutor) se puede ver amenazada por algunos actos de habla, dada su propia naturaleza. Estos actos, que ellos denominan FTA (face-threaning acts) son actos intrínsicamente amenazantes como pueden ser los actos directivos.

Entre los actos que pueden suponer una amenaza para la imagen negativa del interlocutor están, pues, todos aquellos que le obligan a (o le prohíben) hacer algo. También podemos amenazar la imagen positiva de nuestro interlocutor si, por ejemplo, lo criticamos o indicamos que no nos interesa o que no nos preocupa su suerte lo más mínimo. Incluso el uso de términos de tratamiento inapropiados puede resultar muy amenazante, como cuando personas que no conocemos utilizan términos muy cariñosos para referirse a nosotros, lo que en algunos casos puede recibirse con desagrado, dependiendo, de nuevo, de cada individuo y de su contexto cultural.

Además de amenazar la imagen de nuestro interlocutor, hay actos que amenazan la propia imagen del hablante. Así pues, cuando nos sentimos forzados a hacer algo que no queremos hacer (por ejemplo, pedir disculpas cuando pensamos que no hemos cometido ningún error), estamos amenazando nuestra propia imagen negativa. En algunas sociedades, aceptar un cumplido puede suponer también una amenaza a dicha imagen. Por último, podemos amenazar nuestra propia imagen positiva cuando admitimos algo que nos deja en mal lugar, por ejemplo, cuando confesamos algo que hemos hecho y que está socialmente sancionado.

Así pues, para Brown y Levinson, la función principal de la cortesía es precisamente mitigar estas amenazas a la imagen. Frente al hablante, se abre el siguiente sistema de opciones cuando se le presenta la posibilidad de realizar un acto amenazante o FTA, que resumimos en el gráfico 1:

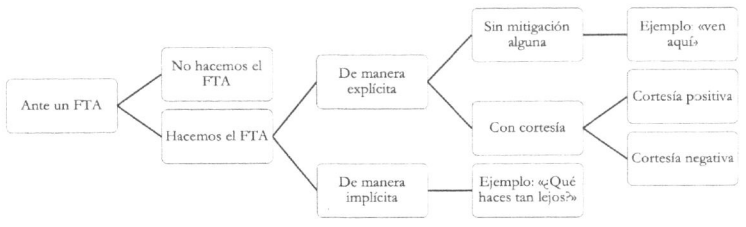

Gráfico 1. Sistema de cortesía de Brown y Levinson

Veamos, a continuación, las distintas estrategias con ejemplos. Por supuesto, una opción cuando se nos presenta la posibilidad de realizar un acto amenazante (para el otro, para nosotros, o para ambas partes) es simplemente no hacer nada y evitarlo. Por el contrario, si decidimos llevar a cabo dicho acto, podemos elegir, en primer lugar, entre dos grandes opciones: bien ser explícitos o hacerlo de manera implícita a través del uso de la implicatura. En el ejemplo que hemos dado anteriormente, lo que el hablante desea es que el oyente se acerque, pero en lugar de decírselo directamente, hace una pregunta para que dicho oyente infiera correctamente su intención inicial. En el otro extremo, tenemos la posibilidad de ser explícitos, lo que nos abre a su vez dos nuevas posibilidades: ser explícitos sin ningún tipo de cortesía («ven aquí») o, la opción más cortés, emplear algún tipo de estrategia de mitigación de la amenaza, bien de carácter positivo o bien de carácter negativo.

Digamos que, aunque hay importantes diferencias culturales, en muchas culturas se prefiere no emplear órdenes directas por su brusquedad, aunque se considera que hay circunstancias «especiales» en las que es más importante que el mensaje se transmita de manera clara que ser corteses. Por ejemplo, si vemos que alguien está a punto de ser atropellado al cruzar, es más urgente advertirle («¡Para!») que emplear estrategias de cortesía («Disculpa, creo que si cruzas ahora mismo puede que te atropelle ese coche»). Al igual que ocurre en casos de emergencia, donde el mensaje y la rapidez en transmitirlo es lo primordial, también puede suceder en contextos como una operación quirúrgica o la torre de control de los aeropuertos, donde que el mensaje sea claro es lo más importante. Imaginemos, en una operación, que la cirujana, en lugar de decir «pinzas» a sus asistentes, les dijera «perdona,

¿me puedes pasar las pinzas, por favor?». Lo mismo puede suceder en situaciones donde hay una diferencia de poder, o una jerarquía muy establecida, donde los individuos con más poder pueden ser directos con sus subordinados, como en el caso de un capitán dando órdenes a su ejército («descansen») o un padre a su hijo («deja de chinchar a tu hermano»). No obstante, y con el fin de evitar sonar demasiado bruscos o maleducados, a menudo «suavizamos» nuestros actos amenazantes (FTA) mediante estrategias de cortesía. Podemos utilizar cortesía positiva, negativa o combinar ambas.

La *cortesía positiva* está orientada a la imagen positiva del oyente; es decir, a través de nuestro mensaje, mostramos su inclusión en nuestro grupo, que se trata de alguien cercano, alguien cuyas necesidades nos importan y a quien apreciamos. Brown y Levinson distinguen tres macro estrategias, que a su vez subdividen en quince micro estrategias, algunas de las cuales parecen solaparse.

La primera de estas macro estrategias es mostrar que compartimos un terreno común con el interlocutor, lo que podemos hacer mediante la exageración de nuestra aprobación por dicho interlocutor, intensificando el interés de lo que pensamos contarle (por ejemplo, cuando empleamos fórmulas conversacionales como «no te lo vas a creer, pero…»), cuando utilizamos marcadores de identidad de grupo, evitamos el desacuerdo y buscamos el acuerdo, presuponemos o damos por hecho que compartimos experiencias y conocimientos, o bromeamos.

La segunda estrategia no siempre es verbal propiamente dicha, ya que consiste en anticiparnos a las necesidades y deseos de nuestro interlocutor y ofrecer aquello que pensamos que necesita; desde un abrazo para animarlo hasta un vaso de agua si vemos que tiene sed.

Por último, la tercera estrategia consiste en presentar a ambos interlocutores (hablante y oyente) como cooperadores, por ejemplo, cuando presuponemos que el interlocutor puede necesitar algo, hacemos ofrecimientos, promesas, mostramos optimismo («no te preocupes, que todo va a salir bien»), damos razones (por ejemplo, cuando rechazamos una oferta, no la rechazamos sin más), invocamos a la reciprocidad («hoy por ti, mañana por mi») o incluimos tanto al hablante como al oyente en la actividad, incluso aunque el hablante no la esté realizando. Esto se conoce como «pronombre inclusivo de primera persona del plural», como cuando un profesor pregunta a sus alumnos «¿Cómo vamos con el ejercicio?» aunque el profesor no lo esté haciendo o un padre le dice a su hija «venga, vamos a comernos todos los guisantes», aunque él no esté comiendo en ese momento.

La *cortesía negativa* se orienta a la imagen negativa del interlocutor, respetando la distancia social entre ambos y evitando el intrusismo y la libertad de acción del otro. De nuevo, Brown y Levinson distinguen un grupo de cinco macro estrategias, a su vez subdivididas en diez micro estrategias.

La primera de ellas consiste en el empleo de fórmulas de cortesía convencionales, por ejemplo, cuando empleamos el modo condicional para pedir algo de forma más cortés: «¿podrías venir?» en comparación con «¿puedes venir?». Muy vinculada a esta primera estrategia es, en segundo lugar, el uso de atenuadores (como los diminutivos) o del modo interrogativo para no sonar tan impositivos. Comparemos, por ejemplo, «ven» y «¿puedes venir?».

En tercer lugar, podemos emplear distintas micro estrategias para no coaccionar al interlocutor, como por ejemplo cuando nos mostramos pesimistas y afirmamos cosas como «seguramente no tengas tiempo para ayudarme, pero...», o mitigamos la imposición a través de atenuadores como los diminutivos («es un favorcito de nada»). El empleo de la disculpa también se incluye en este tercer grupo, como cuando comenzamos una petición con «perdona» o «disculpe».

En cuarto lugar, podemos incluir bajo el mismo paraguas distintas estrategias relacionadas como son la presentación de la petición o prohibición como una norma general («aquí no se puede aparcar» en lugar de «no aparques aquí») o cuando usamos estrategias lingüísticas que impersonalizan la acción. Por ejemplo, cuando pedimos algo de manera indirecta («hay que fregar estos platos») en lugar de dirigirnos directamente al interlocutor («¿puedes fregar estos platos?»). Finalmente, la quinta macro estrategia consiste en explicitar que atenderemos futuras necesidades del oyente en caso de que ahora cumpla con lo que le pedimos.

Como ya hemos mencionado, vemos que, cuando somos corteses, se abre ante nosotros todo un abanico de posibles opciones. Pero ¿cómo decidimos cuál es la más apropiada? De acuerdo con Brown y Levinson, nuestra decisión viene tomada por dos factores fundamentales, en primer lugar, lo que ellos llaman las ventajas a priori de cada estrategia y, en segundo lugar, las variables sociológicas de distancia social, poder y rango de imposición. Veamos en primer lugar las ventajas e inconvenientes de cada una de las estrategias del sistema.

5.1.1. *Ventajas e inconvenientes de las estrategias de cortesía*

Como hemos visto, podemos optar por ser muy indirectos, lo que a priori tiene la ventaja de que, como nuestra petición se basa en una implicatura, siempre la podemos cancelar y así preservar tanto nuestra propia imagen como la del interlocutor (especialmente, si no ha inferido correctamente lo que le queríamos transmitir de manera implícita). Pongamos, por ejemplo, que una chica le dice a su novio que hace frío, con la intención de que él le preste su chaqueta como hemos visto en tantas series y películas. El chico puede simplemente responder «pues sí que lo hace, sí», en cuyo caso, o no ha inferido correctamente la implicatura o no ha querido hacerlo. El caso es que la chica se queda sin chaqueta. El problema principal de la implicatura es precisamente que nuestro oyente puede no inferir (o no querer inferir) correctamente.

En el otro extremo, tenemos la posibilidad de pedir algo de forma explícita y directa. En algunas culturas, esto se percibe como más honesto y menos manipulador que si se utiliza la cortesía verbal. Por ejemplo, en el mismo contexto, la chica podría simplemente haber dicho «Déjame tu chaqueta que tengo frío», lo que no ha lugar a duda en cuanto a su interpretación se refiere. Sin embargo, en algunas culturas tal petición se puede percibir como demasiado brusca y, por lo tanto, como descortés.

Por eso, lo más frecuente es ser explícitos, pero empleando estrategias de cortesía que mitiguen la amenaza hacia la imagen del interlocutor. De esta forma, es mucho más probable que el efecto perlocutivo (lo que hace el oyente) sea el deseado y, a la vez, no se nos puede tachar de ser bruscos precisamente porque estamos empleando estrategias de cortesía verbal. No obstante, y como ya hemos apuntado, esto puede variar (y mucho) entre culturas y comunidades de práctica y lo que resulta cortés para unos puede sonar a falsedad y manipulación para otros. De igual forma, lo que para unos puede parecer demasiado brusco y directo, puede verse como honesto y sincero para otras culturas. En definitiva, la cortesía verbal puede generar numerosos malentendidos interculturales y fallos pragmáticos, como veremos más adelante (Chen et al., 2013; Wierzbicka, 2003).

Sigamos viendo ahora las ventajas de otras estrategias. Si empleamos estrategias de cortesía positiva, la principal ventaja es que nuestro interlocutor puede que nos considere amigables y cercanos, pero también puede ser una estrategia contraproducente si la empleamos con alguien que conocemos poco y que prefiere guardar las distancias. Pensemos, por ejemplo, en esas personas que habitualmente se dirigen a todo el mundo (extraños incluidos) con apelativos cariñosos como «cielo» o «corazón». Si preguntamos a distintos interlocutores, veremos que hay algunos que valoran este tratamiento tan cercano y cariñoso, mientras que hay otros para los que genera rechazo, precisamente porque no consideran cercana a esa persona y, por lo tanto, no les parece adecuado que los trate como si tuvieran confianza. Podríamos decir que, en el primero de los casos, tenemos preferencia por un tipo de cortesía más positiva mientras que, en el segundo, preferimos la cortesía negativa.

Algo parecido ocurre cuando empleamos estrategias de cortesía negativa. La ventaja principal es que se nos va a percibir como respetuosos y con tacto, pero de nuevo, esto depende del contexto en gran medida y nuestro interlocutor (especialmente si cree que nuestra relación es cercana o que la imposición no es tan grande) podría pensar que estamos siendo demasiado ceremoniosos y sentirse incómodos (incluso ofendidos) por nuestra elección pragmática. Como podemos ver, las ventajas dependen mucho del contexto, como siempre ocurre en la pragmática. Este contexto, incluye, por supuesto, las variables sociológicas que hemos mencionado antes y que veremos en la sección siguiente en más detalle.

5.1.2. *Variables sociológicas*

Como ya hemos mencionado anteriormente, son tres las variables sociológicas que juegan un papel importante en nuestra decisión de qué estrategias de cortesía utilizar (o si utilizarlas en absoluto): la distancia social entre interlocutores, el poder y el grado de imposición.

La *distancia social* se refiere al tipo de relación que mantienen el hablante y el oyente; es decir, si se trata de una relación de cercanía y confianza (amistad, familia, etc.) o de distancia total (extraños). Por supuesto, no se trata de dos categorías sino más bien de un grado de continuidad entre cercanía total o un altísimo grado de confianza y su opuesto.

El *poder* hace referencia al tipo de relación entre hablante y oyente, pero, como si dijéramos, en un eje vertical en lugar de horizontal. Es decir, podemos interactuar con alguien con quien mantenemos una relación simétrica de iguales (una amiga, por ejemplo) o con alguien con quien nuestra relación sea asimétrica, bien porque ostentamos una posición superior de poder (por ejemplo, nuestros estudiantes si somos profesores) o una posición inferior a ellos. No obstante, es importante recordar que también la percepción del poder se ve influenciada por nuestro contexto cultural. Como ya vimos, en las culturas en las que hay un alto grado de distancia de poder y se da gran importancia a las jerarquías, es de esperar que se marque aún más este tipo de relaciones asimétricas, posiblemente con el uso de cortesía negativa por parte del interlocutor que ocupa la posición inferior en la jerarquía.

Finalmente, la tercera de estas variables es el grado de imposición o tipo de petición que hacemos de nuestro interlocutor. Aunque de nuevo esto puede variar dependiendo de nuestro contexto cultural, no es lo mismo pedirle a un amigo que nos preste un euro que pedirle 1000. En este segundo caso, seguramente emplearíamos un mayor despliegue de estrategias de cortesía.

Sin embargo, y como ya hemos repetido en varias ocasiones, la cortesía se ve muy influenciada por nuestro contexto cultural. De hecho, esta es precisamente una de las principales críticas al modelo de Brown y Levinson: su carácter tan anglocéntrico. Como ya hemos visto, hay culturas que prefieren ser más directas y explícitas y que consideran un alto grado de cortesía verbal negativa como una señal de manipulación y falsedad. Otras culturas, como en muchas regiones de la cultura española, tienen una tendencia hacia la cortesía más positiva, en la que prima la cercanía entre los interlocutores, frente a otras que prefieren un mayor grado de distancia y, por lo tanto, optan por una cortesía de carácter más negativo, como, en líneas muy generales, sucede en la cultura británica. Es importante señalar, no obstante, que no hay culturas más corteses que otras, como a menudo se señala, simplemente estamos siendo corteses de manera diferente, ni mejor ni peor.

Otra de las grandes críticas al modelo de Brown y Levinson es precisamente su interpretación de la imagen pública como algo perteneciente al individuo, que estudiosos de culturas más colectivistas han rechazado, porque consideran que no se trata de la imagen del individuo sino de todo el grupo (véase Mao, 1995), aunque estudios algo más recientes rechazan como simplista y reduccionista la visión de una cortesía distinta entre las culturas occidentales y orientales (Chen et al., 2013). En cualquier caso, es innegable que se trata de un modelo que ha influido (y sigue influyendo) en nuestra visión de la cortesía verbal y que sigue siendo de utilidad pese a las críticas recibidas (Grainger, 2018).

5.2. La cortesía como práctica contextualizada: el comportamiento «correctamente político» de Watt

Además de las críticas señaladas anteriormente, otra recensión al modelo de Brown y Levinson es que su teoría da demasiada importancia a la forma lingüística en sí misma y que no tienen en cuenta la descortesía. Lo primero quiere decir que hay expresiones que se consideran corteses de forma inherente, como «¿podrías?», «si no te importa» y otras muchas. No obstante, las expresiones lingüísticas no son corteses en sí mismas, sino que dependen del contexto en el que se producen. Es decir, son prácticas «situadas» o «contextualizadas». En otras palabras, no podemos obviar el papel que juega el contexto y, especialmente, cómo perciben nuestra cortesía los interlocutores, que son quienes realmente juzgan si hemos sido educados o no. Esta visión de la cortesía como una práctica contextualizada es la que adoptan autores como los lingüistas Richard Watts y Miriam Locher, quienes emplean la noción de comportamiento «políticamente apropiado».

Dicho de otro modo, durante nuestro proceso de culturización aprendemos una serie de patrones que se consideran socialmente apropiados o «políticamente correctos» y que, precisamente por ser los esperados, suelen pasar desapercibidos. Solemos aprender estos patrones desde niños, como parte de nuestra culturización, como cuando nuestros padres nos preguntaban «¿cómo se piden las cosas?» para enseñarnos a emplear la marca de cortesía «por favor» o apuntaban «¿qué se dice ahora?» cuando nos daban un regalo para que pudiéramos expresar nuestro agradecimiento. Para Watts y Locher, sin embargo, este tipo de patrones no son corteses sino simplemente «políticamente apropiados». Así pues, un hablante puede simplemente seguir los patrones pragmáticamente esperados o bien ser marcadamente educado (lo que se puede incluso percibir como una ofensa si se considera que es excesivo) o también maleducado si se considera que hay un atisbo de ironía o de sarcasmo. El modelo, que se conoce como marco relacional, incluye, pues, tanto la cortesía como la descortesía, y en general todo lo que se percibe como atención a la imagen (facework) como se refleja en la imagen 6[1].

Imagen 6. Teoría de la cortesía situada de Watts y Locher

En otras palabras, como resultado de nuestra inculturación, existen algunas rutinas o rituales de interacción (Goffman, 1967) que simplemente seguimos (comportamiento políticamente correcto) y que es lo esperado que hagamos y, por lo tanto, no se considera cortés propiamente dicho, aunque sí puede variar (y mucho) entre culturas. Este tipo de comportamiento, puesto que es el esperado, no genera ningún tipo de reacción entre los interlocutores, mientras que,

---

[1] El original puede encontrase en inglés en Watts (2005: 253). La imagen es de mi creación basada en el original, con traducción propia.

si nos salimos del guion, es cuando se produce un comportamiento que puede ser marcadamente positivo (si somos algo más corteses de lo esperado). Por ejemplo, personalmente suelo dar las gracias cada vez que estoy en un restaurante y los camareros me van trayendo cosas. En alguna ocasión he notado que hay algunos a los que al principio les sorprende que lo haga, pero que llega a incomodarlos si lo sigo repitiendo (por supuesto, nunca lo señalan a pesar de que pase de marcadamente positivo a marcadamente negativo, ya que eso, a su vez, sería marcadamente negativo para mí, como cliente). Frente a los comportamientos esperados, que no llaman nuestra atención, los comportamientos marcadamente positivos o negativos son aquellos que sí llaman nuestra atención, y, de hecho, son aquellos sobre los que muchos hablantes hacen luego juicios de valor del tipo de «me pareció muy maleducada», «totalmente fuera de lugar», etc.

La pregunta que se nos plantea es, ¿cómo sabemos qué comportamiento es el políticamente correcto o, en otras palabras, el pragmáticamente esperado y no marcado? La respuesta, de nuevo, está en el proceso de inculturación en nuestra lengua materna, en la que aprendemos lo que se considera cortés y descortés en determinados contextos. Además, aprendemos a producir y comprender proposiciones de la forma más adecuada, por muy implícitas que sean estas. Esta capacidad para entender y producir el lenguaje más apropiado en el contexto más apropiado es lo que se conoce como competencia pragmática. Los párrafos siguientes explican en más detalle este concepto clave en la pragmática intercultural, además de otros como la aculturación, el fallo pragmático y la disonancia comunicativa.

La competencia pragmática (Hymes, 1972) implica ser capaz de producir un acto de habla específico apropiado al contexto en el que se encuentran los interlocutores, así como a sus expectativas y creencias sobre lo que resulta apropiado (Yates, 2010; Piller, 2017). Sin embargo, en situaciones interculturales, puede darse el caso de que alguno de los interlocutores (o todos ellos) carezcan de competencia pragmática en la lengua común o lengua franca que están empleando para comunicarse. Cuando esto sucede, suele pasar que simplemente transferimos nuestras «reglas» y expectativas pragmáticas de nuestra lengua materna a esa lengua franca. Esta transferencia se conoce como *transferencia pragmática* y puede ser positiva o negativa.

La transferencia pragmática es positiva cuando las normas de la lengua materna coinciden con las de la lengua común y, por lo tanto, incluso si el hablante no es consciente de ello, ha producido un acto pragmáticamente apropiado para su oyente, que por lo tanto no nota nada extraño. Sin embargo, cuando la transferencia es negativa, y no coincide la forma producida con la forma esperada, puede dar lugar a fallos pragmáticos, disonancia y malentendidos.

Jenny Thomas (1983: 99) define el fallo pragmático como lo que ocurre «cuando la fuerza ilocutiva que el hablante le otorga a una expresión difiere de la fuerza que los hablantes nativos de esa lengua suelen darle, o cuando se transfieren de manera incorrecta las estrategias de actos de habla de la lengua materna a la otra lengua». Por ejemplo, en una situación intercultural entre un hablante español y un hablante inglés en el que se está empleando el inglés como lengua franca, el hablante español podría responder a un cumplido con «gracias», que es la forma más común y pragmáticamente más apropiada de responder a este acto de habla para los hablantes anglófonos. En este caso, se trataría de una transferencia positiva, ya que, tanto en español como en inglés, se puede dar las gracias si recibimos un cumplido. Sin embargo, si nuestro hablante español decide transferir otra fórmula recurrente en español peninsular, en la que se rechaza el cumplido para mostrar modestia («anda ya») y lo traduce como «no way» o «come on», se trataría de una respuesta muy chocante para su interlocutor, y pragmáticamente inapropiada, por lo que se podría producir un fallo pragmático. En este segundo caso, se trataría, por lo tanto, de una transferencia negativa.

Thomas distingue dos tipos de fallo pragmático: el de carácter pragmalingüístico y el sociopragmático. Aunque a menudo se solapan, el fallo sociopragmático se refiere especialmente a aquellos usos que se consideran inapropiados en el contexto. Por ejemplo, si en un contexto formal, empleamos una expresión muy coloquial, nuestro interlocutor podría verlo como algo inadecuado. En cuanto al fallo pragmalingüístico, tiene más que ver con la forma lingüística que empleamos, tanto si producimos una forma inadecuada o si malinterpretamos la fuerza ilocutiva de un acto de habla. Veamos el siguiente ejemplo, en el que el español se está empleando como lengua franca entre los interlocutores, pero uno de ellos (B) no es hablante de español como lengua materna:

A: ¿De dónde eres?

B: Soy francés.

A: Anda, pues no tienes acento francés.

B: Oh, ¡gracias!

A: Ah, no, no lo decía como un cumplido. Me habría encantado que tuvieras acento francés, me parece muy bonito.

B: Oh, vaya. (desilusionado)

5.3. La teoría de la gestión de las relaciones (Rapport management theory)

Como hemos podido comprobar, la cortesía es un fenómeno de gran complejidad, que va más allá de mitigar la amenaza a la imagen bien personal, bien de nuestro interlocutor. De hecho, la lingüista Helen Spencer-Oatey propone una teoría que no solo considera la cortesía, sino que va mucho más allá, ya que se centra en las relaciones humanas y la gestión de las mismas, con especial interés en las interacciones interculturales. Para Spencer-Oatey (2004), la teoría de la gestión de las relaciones intenta entender «cómo se gestiona la armonía social o la falta de armonía entre las personas». Por eso es tan interesante tomarla en cuenta desde el punto de vista de la pragmática intercultural. Veamos este modelo con más detalle.

Para Spencer-Oatey (2004: 3), y coincido con ella, «las proposiciones o las construcciones lingüísticas no son corteses o descorteses ipso facto; más bien, la cortesía es un juicio social, y es a los hablantes a los que se considera corteses o maleducados, dependiendo de lo que digan en un contexto determinado». En este sentido, la cortesía es una cuestión de pertinencia. En otras palabras, son los individuos quienes juzgan si algo que hemos dicho es cortés o no, tomando en consideración tres aspectos diferentes: nuestra sensibilidad de imagen, el objetivo interaccional y los derechos y obligaciones de sociabilidad. Estos tres elementos constituyen las tres bases de las relaciones interpersonales (Spencer-Oatey, 2008: 14) y están interrelacionados y conectados entre sí, como se puede ver en la imagen 7.

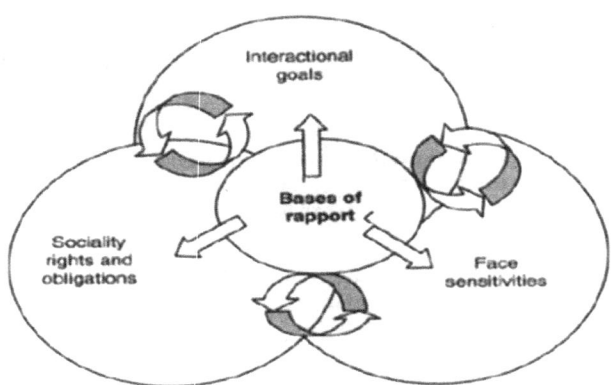

Imagen 7. Bases de las relaciones interpersonales
según Spencer-Oatey.

Las sensibilidades de imagen se refieren al hecho de que todos nosotros creemos que tenemos ciertos atributos que valoramos tanto que queremos que otros también sean capaces de, si no valorarlos, al menos admitir que los poseemos. A menudo, estos atributos se asocian a aspectos tales como el estatus, el respeto, la reputación, etc. De acuerdo con Spencer-Oatey (2000: 14), podemos distinguir dos tipos de imagen («face»):

1. La imagen cualitativa: o nuestro deseo fundamental de ser evaluados positivamente en términos de nuestras cualidades individuales (como vemos, bastante semejante a la imagen positiva de Brown y Levinson).
2. La imagen identitaria: o nuestro deseo de que otros confirmen nuestra identidad o rol social asociado al prestigio. Por ejemplo, si somos muy amigos de algún compañero del trabajo, podemos darle mayor importancia a nuestra imagen cualitativa (somos amigos porque tenemos una relación fuera del trabajo y eso

es lo más importante) o a nuestra imagen identitaria (somos compañeros porque trabajamos juntos en el mismo sitio).

Veamos a continuación dos ejemplos reales donde ha habido un desacuerdo entre las imágenes de los interlocutores y esto ha producido una situación de desarmonía social. En el primero de los extractos, dos amigos (también compañeros de trabajo) se encuentran con una tercera persona que solamente conoce uno de ellos (J). Veamos cómo presenta a su compañera y amiga (E) y la reacción de la misma:

J (dirigiéndose a la tercera persona): Te presento a E. Es mi compañera de trabajo.
E: ¿Cómo que compañera de trabajo? Pero ¡si somos amigos! (en tono ofendido).

Como podemos ver, para E es importante su atribución como amiga más que como mera colega; esto es, para ella prima la imagen cualitativa en lugar de la identitaria, mientras que posiblemente sea al contrario para J. En el segundo de los extractos, que tiene lugar entre un conserje y una profesora muy joven, la imagen identitaria de la profesora se ve amenazada cuando el conserje la confunde con una estudiante y se niega a darle las llaves. Nótese también como, una vez que la profesora establece su identidad, el comportamiento verbal del conserje cambia de manera radical, emplea la forma cortés y deferente «usted» en lugar del «tú» inicial y añade una disculpa enfática.

Conserje: ¿Qué necesitas?
Profesora: Necesito las llaves del laboratorio.

Conserje: Se lo tienes que decir a la profesora, tiene que ser ella quien venga a por las llaves.

Profesora: Es que YO soy la profesora.

Conserje: Ay, lo siento muchísimo, disculpe. Aquí tiene las llaves.

Profesora: Vale, gracias.

Como explica Spencer-Oatey, dependiendo el contexto, puede verse afectado un aspecto u otro de nuestra imagen. Es más, cada individuo es sensible a distintos atributos (como en el ejemplo anterior de los dos amigos). Así pues, la pérdida, amenaza o aumento de imagen solo se perciben cuando hay una falta de alineación entre lo que espera el individuo y lo que realmente señalan o perciben los interlocutores.

En cuanto a los derechos y obligaciones de sociabilidad, también se relacionan muy estrechamente con nuestras expectativas cuando interactuamos con otros. Como señala Fraser (1990: 232), «cuando participamos en una conversación, cada uno de los interlocutores trae consigo lo que considera derechos y obligaciones que determinan, al menos en los estadios preliminares, qué pueden esperar los participantes de los demás interlocutores». Esto también se conoce como el «contrato conversacional».

Por último, los objetivos interactivos se refieren a nuestros fines cuando interactuamos con otros. Así pues, hay un continuo entre dos extremos:

- Unos fines relacionales: de acuerdo con los cuales el hablante simplemente quiere mantener su relación con los interlocutores (por ejemplo, cuando estrechamos lazos de amistad con otros) (Spencer-Oatey, 2005).
- Unos fines transaccionales: son aquellos de acuerdo con los que el hablante o bien proporciona o solicita

un servicio, con el fin de conseguir una actividad concreta (por ejemplo, una interacción de negocios).

De forma más específica, se pueden ver afectados los siguientes dominios:

- El dominio ilocutivo: esto es, el acto de habla y su fuerza ilocutiva o intención real del hablante cuando produce dicho acto de habla.
- El dominio discursivo: que suele afectar, por ejemplo, al tipo de contenido o temática, así como al género discursivo. Por ejemplo, no es lo mismo una reunión de negocios que se lleva a cabo en una oficina que mediante correos electrónicos, ya que se trata de géneros textuales distintos.
- El dominio de participación: hace referencia a los aspectos más procedurales del intercambio, como por ejemplo cómo se distribuyen los turnos conversacionales, si se espera que el oyente proporcione respuesta o no, etc.
- El dominio estilístico: hace referencia al tono que elegimos para nuestra interacción, el uso de un léxico y una sintaxis que se consideran apropiados en el contexto, así como el empleo de términos de tratamiento honoríficos («señor Martínez»).
- El dominio no verbal: que incluye, como ya vimos en páginas anteriores, elementos de la kinésica como son el contacto visual, y otros como la distancia física entre los interlocutores o proxémica.

Capítulo 3

La pragmática intercultural

Ahora que sabemos qué es la pragmática y como puede haber diferencias culturales, ha llegado el momento de introducirnos en el terreno de la pragmática intercultural. Antes, no obstante, es importante no confundir dos términos que durante mucho tiempo se han venido intercambiando, pero que no se refieren al mismo fenómeno. Así pues, no debemos confundir la pragmática intercultural con la pragmática multicultural.

La pragmática multicultural (*cross-cultural pragmatics*) hace referencia a la comparación y contraste entre al menos dos culturas (y generalmente, dos idiomas). Por ejemplo, si estudiamos cómo se llevan a cabo los saludos en español peninsular y en inglés británico, estaríamos estudiando pragmática multicultural. Por otro lado, la pragmática intercultural se centra en el estudio de cómo individuos de al menos dos culturas diferentes (y que a menudo están interactuando en una lengua franca) aplican sus expectativas pragmáticas, se adaptan a la situación (o no lo consiguen) y qué normas pragmáticas aplican. Como señala uno de los pioneros en el estudio de la pragmática intercultural, el profesor Itsvan Kecskes (2007: 192), «incluso si los interlocutores comparten una lengua franca, puede que procedan de distintos contextos socioculturales donde hay preferencias sobre cómo decir las cosas».

Para comprender mejor a qué nos referimos, comparemos los siguientes ejemplos en español y en inglés. Aparentemente, las tres parejas son traducciones respectivas de lo mismo. Sin embargo, y aunque puedan parecer lo mismo desde el punto de vista locutivo, su fuerza ilocutiva difiere bastante y, en consecuencia, también difiere su efecto perlocutivo:

1a. Ya le llamaremos.
1b. We'll call you back.
2a. Ahorita mismo.
2b. Right now.
3a. A ver si nos vemos.
3b. Let's meet up some time.

El primer ejemplo podría darse tras una entrevista de trabajo, en la que los entrevistadores señalan a la candidata que «ya la llamarán». No obstante, mientras que en el caso del inglés realmente se trata de un acto de habla comisivo (una promesa) y sí que la llamarán para decirle si la han aceptado o no, en el caso del español suele emplearse como una fórmula de cortesía para desestimar a la candidata.

En cuanto a la segunda pareja de ejemplos, el empleo de «ahorita mismo» no necesariamente tiene que significar que la acción se va a realizar inmediatamente. De hecho, puede llegar a demorarse bastante, al contrario que en el caso de la expresión inglesa, donde se espera que la acción sea inmediata.

Por último, es habitual en la cultura española en líneas generales expresar un deseo de este tipo cuando realmente no se tiene ninguna intención de quedar con el interlocutor, y simplemente se trata de una expresión de cortesía. Para un hablante inglés, sin embargo, la expresión tiene un sentido comisivo y se espera que ocurra.

Pensemos ahora en hablantes de estas dos lenguas que emplean una de ellas de forma común para llevar a cabo una interacción intercultural. Si ninguno de los dos hablantes es consciente de que estas formas tienen una fuerza ilocutiva diferente en cada idioma y la emplean con el sentido de su lengua materna, seguramente se produzca el fallo pragmático que ya mencionamos unas páginas atrás.

A menudo, no obstante, no es tanto que se produzca fallo pragmático como tal como que los interlocutores (al menos uno de ellos) se sientan «incomodados» con el devenir de la interacción. Este fenómeno suele estar vinculado a la infracción de alguna de nuestras expectativas más profundas (la parte más invisible y profunda del «iceberg cultural») y nos puede conducir a lo que se conoce como «disonancia comunicativa».

1. Disonancia comunicativa

La lingüista Chiara Zamborlin (2007: 21) define la disonancia comunicativa como:

> Cualquier circunstancia en la que los hablantes, de forma deliberada o no, organizan su acción lingüística de tal modo que los oyentes la perciben dentro de las normas gramaticales, pero en conflicto con el devenir armonioso de la conversación.

La propia Zamborlin experimentó esta disonancia con cierta frecuencia como interlocutora intercultural en Japón.

Como ella misma cuenta en su artículo, aunque podía hablar el idioma, tenía la impresión de hacer sentir incómodos a sus interlocutores o era ella misma quien se sentía incomodada.

La disonancia puede dar lugar a distintos efectos, en un continuo que va desde el humor más inocente, pasando por el momento embarazoso, hasta el rechazo de un individuo y la posible perpetuación de un estereotipo cultural que puede derivar en el rechazo de todo un grupo y en la discriminación. A menudo, la disonancia puede derivar en fallo pragmático, aunque no necesariamente van siempre vinculadas. Por ejemplo, en la siguiente interacción entre dos hablantes que están utilizando el español como lengua común o lengua franca, no hay ningún problema con el idioma en sí, pero B se sintió incomodado por lo que consideró una pregunta demasiado directa de A.

A: Hola, ¿dónde vas?
B: Hola... bueno, voy a la biblioteca.

El primer interlocutor (A) no tenía ninguna intención de ser descortés y curiosear sobre los planes personales de B; simplemente llevó a cabo una transferencia negativa de su lengua materna, en la que un saludo cordial incluye esta pregunta, para la que no se espera ningún tipo de respuesta. Aunque A no llegó a ser consciente de que B se había sentido incómodo por su saludo, para B se produjo una disonancia comunicativa, derivada por su interpretación de lo que era un simple saludo como una pregunta real (fallo pragmalingüístico).

Por este motivo es importante, especialmente en interacciones interculturales, recurrir a lo que conocemos como metapragmática (usar el propio lenguaje para hablar de qué estamos queriendo decir), ya que esto nos puede ayudar a evitar tanto la disonancia como el fallo pragmático. Como veremos en el último capítulo de este volumen, la competencia metapragmática es, de hecho, una parte importante de la competencia intercultural.

Veamos a continuación algunos ejemplos más de disonancia comunicativa que podrían haberse evitado fácilmente si los interlocutores hubieran recurrido a la metapragmática. El primero de los ejemplos sucedió en inglés, entre un hablante norteamericano (A) y su invitada española (B), cuya lengua franca era el inglés.

A: You look lovely in that dress. [Trad. Estás muy guapa con ese vestido]

B: Do you really think so? [¿De verdad lo crees?]

A: (silencio incómodo)

En este caso, A se sintió incómodo porque la respuesta de B no se ajustaba a sus expectativas (lo más común en inglés es responder a un cumplido simplemente con «gracias» pero no cuestionarlo). Para B, que está transfiriendo una respuesta de su lengua materna, en la que quiere mostrarse modesta (recordemos las máximas de cortesía de Leech), la situación también deriva en incomodidad, porque no entiende por qué A se queda callado. En este caso, no se produce ningún fallo pragmático, porque la fuerza ilocutiva de A era hacer un cumplido y como tal lo interpreta B. No obstante, sí se produce disonancia y ambos interlocutores se sienten azorados.

Se podría decir que las expectativas pragmáticas abarcan lo que Goffman describe como rituales de interacción. Como ya hemos visto, hay rituales que son compartidos por distintas culturas, pero también los hay que difieren y, a menudo, se vinculan a distintas máximas de cortesía. Por ejemplo, en líneas generales, en la cultura española es bastante común rechazar un ofrecimiento de comida en la primera ocasión (probablemente en un intento de aplicar la máxima de modestia), aunque el ritual de interacción dicta que el interlocutor insistirá al menos una vez más (como resultado de la máxima de generosidad). En caso de que realmente sí queramos repetir, es en esta segunda ocasión en la que aceptaremos el ofrecimiento. Sin embargo, en otras culturas como la británica, que están más orientadas hacia la cortesía negativa, insistir puede percibirse como una imposición si el interlocutor ya nos ha dicho que no deseaba comer más. En efecto, este contraste entre las máximas de generosidad y de tacto suele dar lugar a disonancia, especialmente si ninguno de los dos interlocutores es consciente de que se trata de rituales de interacción diferentes o carece de la suficiente competencia intercultural para adaptarse a la situación.

Todo esto nos lleva a preguntarnos cuáles son las expectativas pragmáticas que tienen los distintos interlocutores. En otras palabras, cuando los participantes proceden de culturas distintas con expectativas distintas, ¿cómo podemos evitar que se produzca disonancia y/o fallo pragmático en las interacciones interculturales? A dilucidar este tipo de temas se dedica la pragmática intercultural. Algunas de las sugerencias que los estudiosos de la pragmática intercultural aportan para tratar de evitar la disonancia y/o los fallos pragmáticos son las siguientes:

- Observación de los rituales de interacción y de las rutinas comunicativas. Por ejemplo, podemos fijarnos en si los hablantes tienen una orientación más positiva o más negativa a la cortesía.
- Empleo de la metapragmática (véase más arriba).

- Aceptación de la existencia de distintos rituales de interacción y de rutinas comunicativas.
- Observación del lenguaje no verbal (kinésica, proxémica, contacto visual, etc.).
- Empleo de mecanismos de reparación y/o trabajo relacional correctivo (*corrective facework*) (véase sección 1.1. más adelante).
- Acomodación al estilo comunicativo del interlocutor (véase sección 1.2.).

1.1. Trabajo relacional para recuperar la pérdida de imagen
Cuando se produce una pérdida de imagen, existen una serie de estrategias a las que podemos y solemos recurrir para restaurar esa imagen perdida o dañada (lo que conoce como *corrective facework* en inglés). Este concepto se ha investigado ampliamente como un elemento clave en la interacción humana (véanse, por ejemplo, los trabajos de Arundale, 2006; Cupach & Metts, 1994; Goffman, 1955; Ting-Toomey, 1994, entre otros muchos). Los autores Turnbull y Saxton (1997: 152) señalan que este trabajo relacional está estrechamente relacionado con la cortesía, pero no se trata de términos intercambiables (véase también Penman, 1990; Tracy, 1990; Wood & Kroger, 1994).

De forma más concreta, estas estrategias de reparación las puede llevar a cabo el interlocutor que ha perdido su imagen o bien otros en su lugar. Imaginemos la siguiente situación, entramos en una sala llena de gente y resbalamos y caemos. En una situación así, hay muchas personas que pueden sentirse incómodas y cuya imagen sienten dañada. Recordemos que esta imagen es social y que, por eso, si nos hubiéramos resbalado y caído en una sala vacía en la que solo estamos nosotros, no sentiríamos ninguna pérdida de imagen. De acuerdo con los psicólogos sociales Guerrero, Andersen y Afifi (2014), existen seis estrategias para reparar el daño o la pérdida de imagen (véase también Cupach y Metts, 1994), que pueden darse en solitario o combinadas.

1. Evitar el tema o ignorar la situación por completo: en este caso, «los individuos fingen que este hecho no ha ocurrido o lo ignoran» (Guerrero, Andersen, & Afifi, 2014: 49). Por ejemplo, si intentamos cambiar el tema en lugar en centrarnos en lo que ha causado la pérdida de imagen. Imaginemos, en la situación anterior, que simplemente nos levantamos del suelo y preguntamos «¿es aquí la reunión?»

2. Emplear el humor: como señalan Guerrero et al. (2014: 49), «a veces es mejor reírse de uno mismo para que los otros se rían con nosotros y no de nosotros». En la situación anterior, podríamos reírnos y exclamar «esto es entrar con estilo». Dada la importancia del humor, tanto en las relaciones humanas en general, como en la comunicación intercultural, el humor merece una sección en sí mismo (véase la sección 2).

3. Disculparse: una forma habitual de reparar la pérdida total o parcial de imagen es ofrecer disculpas, a modo de ritual social para restaurar la relación con los interlocutores (véase Davies, Merrison, & Goddard, 2007; Fraser, 1981; Grainger & Harris, 2007; Holmes, 1990; Olshtain, 1989). Aunque el ejemplo que estamos discutiendo no parece causar ofensa a otros, sí puede resultarles incómodo (pérdida parcial de imagen) pues podrían no saber cómo reaccionar ante tal situación. De hecho, el protagonista podría

exclamar algo así como «Siento haberos asustado a todos».

4. Justificarse: implica tratar el porqué de la pérdida de imagen, especialmente a través de excusas o justificaciones. Para Guerrero et al. (2014: 49), «las excusas son explicaciones que minimizan la responsabilidad personal del actor por sus acciones». Por otra parte, mediante las «justificaciones, los actores no intentan distanciarse del acto, sino que lo reformulan y mitigan las consecuencias negativas del mismo» (Cupach y Metts, 1994: 10).

5. Remediar: implica todos los «intentos por reparar algún daño físico tal como limpiar a alguien si le hemos derramado una bebida encima» (Guerrero et al., 2014: 49). A menudo, el remedio es una estrategia que combinamos con otras como las disculpas o la justificación. En el ejemplo que hemos venido discutiendo –caerse al suelo delante de otros– serían los otros quienes llevarían a cabo ese remedio si, por ejemplo, nos ayudan a levantarnos del suelo, más que nosotros mismos.

6. Agredir: en otras ocasiones, los individuos «pueden sentir la necesidad de reparar su pérdida o imagen dañada mediante la agresión física […] la gente también puede recurrir a la agresión cuando se sienten azorados o han violado una norma» (Guerrero et al., 2014: 49). Podría argumentarse que la agresión en sí misma no repara la pérdida de imagen, aunque se ha demostrado que suele ser una consecuencia frecuente (Cupach y Metts, 1994) como intento de «reafirmar la capacidad o fuerza del individuo después de que este se sienta amenazado» (Ting Toomey, 2005: 79).

La agresión puede ser física o verbal (o ambas). En el caso de la comunicación digital, por ejemplo, suele ser verbal y se expresa a través de insultos, el uso del sarcasmo, gifs y emoji específicos, etc. En el ejemplo de la caída que venimos comentando, una respuesta agresiva podría ser «¿Qué narices estáis mirando? Meteos en vuestros asuntos».

En estudios previos (Maíz-Arévalo, 2019) observé que, además de estas estrategias correctivas de imagen ya mencionadas, los individuos pueden recurrir a otras, sobre todo cuando son otros quienes las llevan a cabo en lugar del individuo mismo. En este caso, son otros los que ayudan al individuo que ha perdido su imagen a repararla. Estas estrategias son las siguientes:

7. Expresar apoyo hacia el otro: el apoyo puede mostrarse principalmente de dos formas: o bien expresando la aprobación explícita del otro y sus acciones o mostrando amabilidad hacia ellos. Por ejemplo, en nuestro contexto ya recurrente, podríamos preguntar a la persona que se ha caído si se encuentra bien. En este contexto específico, es más difícil expresar aprobación, ya que no ha hecho nada incorrecto ni por lo que se le pueda culpar.

8. Apelar a la unidad de grupo: cuando se trata de un individuo que ha perdido o dañado su imagen, el resto de los miembros del grupo puede priorizar los intereses del grupo e ignorar la pérdida de imagen individual. Podría argumentarse que más que una estrategia de reparación en sí misma, apelar a la unidad es un intento de minimizar la importancia de los individuos

a favor de la armonía común. Esta estrategia es especialmente útil en situaciones de conflicto que podrían alterar la armonía de grupo como la expresión del desacuerdo. Por ejemplo, en nuestro contexto recurrente, la unidad de grupo podría expresarse simplemente aludiendo al hecho de que les podía haber pasado a todos. A menudo, y desde el punto de vista lingüístico, esta estrategia suele recurrir a mecanismos pragmalingüísticos como el empleo del nosotros inclusivo que, como ya vimos antes, está muy relacionado con la cortesía positiva de Brown y Levinson.

1.2. La acomodación comunicativa

Se define la acomodación como un ajuste que llevan a cabo los participantes de la conversación con el fin de adaptar su comportamiento lingüístico al contexto de la interacción que está teniendo lugar, bien de formal verbal o no verbal (Giles, 1973). Podemos acomodar en dirección de nuestro interlocutor, por ejemplo, para mostrar cercanía, crear un vínculo afectivo, etc. Cuando hacemos esto, se conoce como *convergencia*. El fenómeno contrario, esto es, cuando marcamos lingüísticamente que somos diferentes a nuestro interlocutor, se conoce como *divergencia*. En el siguiente ejemplo, el primero de los hablantes está tratando de ser cortés desde el punto de vista de la cortesía positiva, pero tal perspectiva se ve rechazada por el segundo interlocutor, que prefiere mantener una relación más distante, orientada hacia una cortesía negativa.

Pedro: Hola, machote, ¿esta no es la birra que teníais de oferta la semana pasada, no?

Dependiente: Buenas tardes, caballero. No, no es la misma cerveza.

Pedro: Eh, esto, bueno, gracias de todas formas.

Como podemos ver, Pedro emplea estrategias propias de la cortesía positiva y muestra cercanía mediante un saludo algo más informal, además de dirigirse al empleado del supermercado con un término muy coloquial y cercano y emplear también una forma coloquial para referirse a la cerveza («birra»). El dependiente, a su vez, muestra su divergencia (y tal vez su malestar) con un saludo formal, una forma de tratamiento honorífica y emplea el término neutro («cerveza») para referirse al producto. Al hacer una acomodación divergente, el dependiente no solo está mostrando que prefiere una relación formal y de deferencia con sus clientes, sino que implícitamente marca su rechazo al trato demasiado cercano del cliente.

Sin embargo, es importante señalar que si exageramos la divergencia —o la convergencia— podemos ofender a nuestros interlocutores, especialmente si vamos en contra de sus expectativas pragmáticas y no llegan a adaptarse por falta de competencia intercultural. En el siguiente capítulo nos centramos en definir qué es la competencia intercultural, así como sus características, pero antes de eso, la siguiente sección de este capítulo explora el humor desde una perspectiva intercultural.

2. El humor en la pragmática intercultural

¿Por qué estudiar el humor en la pragmática intercultural? Entre otros conceptos clave como el que ya hemos visto de imagen, el humor es un rasgo típicamente humano y universal (Kruger, 1996). Es más, el humor se usa a menudo como mecanismo para construir relaciones y suavizar situaciones difíciles y tensas. Sin embargo, lo que resulta divertido o no es «extremadamente personal, y específico tanto del contexto como de la cultura» (Reimann, 2010: 23). Como consecuencia, muchos comentarios jocosos como son los chistes, la ironía, etc. pueden dar lugar a malentendidos o directamente resultar ofensivos en situaciones interculturales.

Asimismo, entender cómo una cultura emplea el humor puede ayudarnos a entender mejor esta cultura, sus convenciones, sus expectativas, su sentido de lo apropiado y de lo tabú. Como señalan Mizco y Welter (2006: 65):

> Desde hace tiempo se ha observado que el humor es capaz de aliviar tensiones y generar cohesión. Sin embargo, el humor también puede ser una forma de enfatizar las divisiones entre los grupos, y proporciona a los hablantes nativos un sentido palpable de su carácter distintivo e incluso de superioridad (Critchley, 2002: 67-68). *Sobran los motivos, por lo tanto, para examinar las relaciones entre el humor y la comunicación intercultural* (énfasis mío).

La importancia del humor es, pues, innegable y por eso merece una sección propia en este volumen. Como Steven Palmer señala en su libro, el humor hay que tomarlo muy en serio. Existen tres teorías principales sobre por qué y cómo empleamos los seres humanos el humor.

1. La *teoría de la incongruencia* argumenta que el humor ocurre cuando se rompen las expectativas de modo que se produce una contradicción entre lo esperado y lo que sucede dado su imposibilidad lógica, irrelevancia o impropiedad. Si esto sucede (y no de forma infrecuente) entre individuos que comparten el mismo contexto cultural y el mismo idioma, imaginemos qué

puede ocurrir cuando no se comparten ninguno de los dos y además las expectativas pueden diferir.

2. La teoría de la superioridad arguye que el humor se basa en denigrar y menospreciar a otros. Esto también se conoce, como veremos después, como humor agresivo y se centra en dar información negativa sobre algo o alguien. No obstante, este tipo de humor agresivo también sirve para maximizar la solidaridad de grupo («nosotros» frente a «ellos»).

3. La teoría del alivio es obra del psicoanalista Sigmund Freud, que argumentaba que el humor es un método básico de aliviar tensiones. Este tipo incluye el humor ligero y «blanco» como los juegos inocentes de palabras, el humor absurdo, pero también puede incluir lo que conocemos como «humor negro», ya que se bromea con temas que, en principio, no son motivo de burla como puede ser la muerte.

Además de estas teorías sobre las funciones del humor, otros estudiosos también distinguen entre distintas dimensiones del humor, aunque tanto unas como otras están íntimamente relacionadas y no se trata de dimensiones ni funciones «estancas» sino más bien de continuos con casos prototípicos, como veremos a continuación con ejemplos.

Así pues, Meyer (2000) distingue dos dimensiones principales del humor: la de unificación (con otros) y la de división (de otros). Estas dimensiones, de forma más popular, se conocen también como el humor afiliativo y el humor agresivo (Ferguson y Ford, 2008; Dynel, 2013). Como ya hemos señalado, cuando hacemos humor a costa de otros (especialmente si se trata de un grupo social), no solo mostramos agresión hacia este grupo y división del mismo, sino que simultáneamente nos estamos afiliando con los miembros de nuestro grupo (esto es, aquellos que no pertenecen al grupo al que se menosprecia). Por ejemplo, cuando se hacen los típicos chistes sexistas (bien en contra de las mujeres o bien de los hombres), se ataca al otro grupo mientras que se afilia el grupo propio. Veamos un ejemplo de meme que circuló durante el confinamiento por covid. Como vemos, es humor agresivo contra los madrileños, a los que se critica por no seguir las normas del confinamiento e intentar «escapar» a sus segundas viviendas de veraneo en otras regiones españolas. A la vez, este ataque sirve para afiliar al resto de las regiones:

Imagen 8. Ejemplo de humor agresivo-afiliativo

Este tipo de humor agresivo, como ya hemos mencionado, ataca a grupos e incluye subtipos de humor como son el humor sexista, el racista, el basado en estereotipos sociales (por ejemplo, de otras regiones o de otros países), el sarcasmo o la sátira, entre otros. Desde el punto de vista psicológico social, se considera una práctica de inadaptabilidad social, ya que sirve para crear distancia entre grupos, potencia sentimientos de hostilidad, refuerza estereotipos negativos, así como sentimientos de superioridad sobre otros.

Por otra parte, el humor afiliativo es una forma integradora de humor que sirve para potenciar sentimientos positivos y solidificar los vínculos sociales. Este tipo de humor suele ser más inocente, no busca la hostilidad y, entre otras, suele apelar a la intertextualidad (conocimiento sociocultural común y compartido por las distintas audiencias), por ejemplo, con referencias a artefactos culturales como pueden ser películas, canciones, iconos culturales, etc. o a situaciones cotidianas con las que muchos de nosotros podemos identificarnos, como sucede en el ejemplo siguiente, en el que hay doble intertextualidad, por un lado porque se trata de un meme macro muy repetido en el que el Capitán América es atacado y que se emplea para contar «chistes malos» basados, generalmente, en los juegos de palabras. En segundo lugar, por la referencia a la gran superficie de venta de productos deportivos:

Imagen 9. Ejemplo de humor afiliativo basado en la intertextualidad

El humor también puede estar dirigido a uno mismo, en las dos dimensiones que se conocen como humor derrotista o autodenigrante y el humor reafirmante. En ambos casos, el objeto de la broma o del humor es el hablante mismo. El humor autoreafirmante se considera, por parte de los psicólogos, una práctica positiva ya que el hablante trata de buscar lo positivo en una situación que puede ser negativa. Se basa en el *ethos* de ver «el lado bueno de las cosas» y genera emociones positivas. Sin embargo, a menudo podría confundirse en el autoelogio, que puede producir el rechazo en otros, sobre todo si, en sus contextos culturales, se valora la modestia como un valor positivo. Como todo tipo de humor, puede resultar arriesgado en interacciones interculturales.

Imagen 10. Ejemplo de humor autoreafirmante

Por último, el humor derrotista o de automenosprecio también sitúa al hablante en el foco de la broma, pero lo hace desde una perspectiva negativa que se centra en vejar al propio hablante (sus habilidades mentales, sus rasgos de personalidad, su físico, etc.). Por eso, los psicólogos lo consideran una práctica negativa en tanto en cuanto puede afectar la autoestima del individuo, aunque su fin principal es afiliar al individuo con otros, apelando a la máxima de modestia en muchos casos.

Yo: Hola, amigos
Amigos:
Yo: Es verdad, no tengo amigos

Imagen 11. Ejemplo de humor derrotista

Como ya hemos comentado, es importante recordar que estas cuatro dimensiones del humor no son compartimentos estancos y bien delimitados, sino que se producen a lo largo de un continuo, con algunos ejemplos prototípicos (como se ha intentado que sean los anteriores) pero con casos que a menudo comparten rasgos de dos categorías. Por ejemplo, buena parte del humor agresivo es también afiliativo para los miembros del grupo, como ya hemos visto. Frecuentemente, se representan estas cuatro dimensiones a lo largo de dos ejes, como se muestra en la imagen:

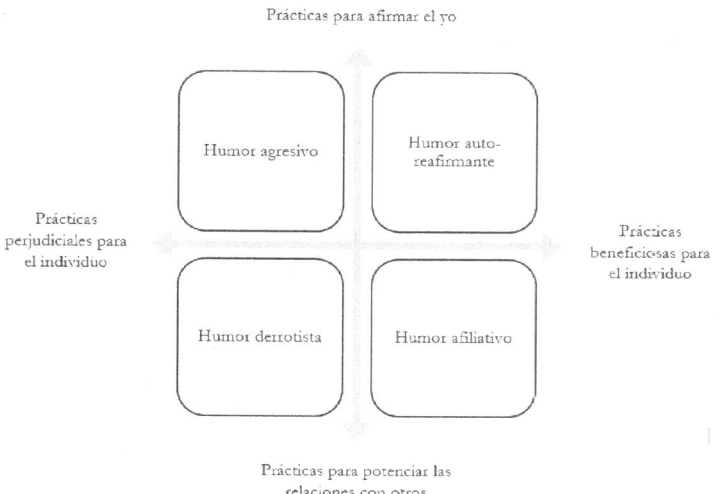

Imagen 12. Dimensiones del humor

Como hemos venido señalando, el humor no es solo marcadamente individual (todos tenemos unos estilos de humor que nos gustan más que otros) sino también muy cultural. Esta influencia cultural puede influir en cómo y cuándo se produce el humor (por ejemplo, solamente entre amigos, entre extraños, etc.), lo que resulta o no humorístico y cómo se recibe el humor (por ejemplo, con carcajadas, risas tímidas, ofensa, rechazo, etc.). Estudios previos han demostrado que el humor está estrechamente vinculado a la cultura, así como a los valores y dimensiones culturales. Por ejemplo, Yue et al. (2016) argumentan que en las culturas occidentales se suele reaccionar de manera positiva al humor autoreafirmante, mientras que es un humor que no se percibe como tal en muchas culturas orientales (véase también Kuiper et al., 2004; Chen y Martin, 2005, entre otros). Estas diferencias culturales en la producción y percepción del humor suelen achacarse a la distinción entre el individualismo y el colectivismo. Dado que la orientación colectivista difumina la distinción entre individuos a favor del grupo, el humor autoreafirmante y el afiliativo suelen tener menos frecuencia y son menos apreciados frente al humor derrotista.

En efecto, este contraste entre oriente y occidente (que claramente puede ser demasiado simplista) ha sido un área fructífera de estudio en la comparación de estilos de humor entre culturas. Por ejemplo, en la cultura japonesa, se ha argumentado que el humor rara vez se emplea en relaciones asimétricas o distantes y se reserva para la esfera más privada de los individuos, mientras que en otras culturas como la estadounidense puede recurrirse al humor como estrategia de cortesía positiva para mitigar la distancia social (Takekuro, 2006; Pulvers, 2006). Asimismo, se ha señalado que el humor japonés suele favorecer los juegos de palabras (lo que se conoce como *share-re*) y el humor de alivio más que los chistes de carácter sexual, que se consideran extremadamente tabú (Pulvers, 2009).

Otros estudios que han tratado de estudiar el tipo de humor prevaleciente en culturas nacionales es el de Chen y Martin (2007), que se centra en el humor canadiense. Sus resultados muestran una preferencia por el humor satírico (agresivo) y derrotista. Asimismo, hay pocos temas que se consideren fuera de los límites del humor.

Otro estudio muy interesante que lleva a cabo una comparación multicultural del humor es el laboratorio de la risa (LaughLab) de Wiseman (2000), quien, con la ayuda de su equipo, recopiló más de 350.000 chistes de 70 países diferentes. Todos los chistes se pusieron a disposición de los participantes en una web en la que tenían que marcar si el chiste les parecía divertido o no. Wiseman (2002) concluyó que:

El humor es vital para la comunicación y cuanto más comprendemos cómo la cultura de la gente y sus contextos afecta a su sentido del humor, más capaces seremos de comunicarnos de forma efectiva.

Resulta interesante, asimismo, que el chiste que fue seleccionado como el más votado por participantes de todos los países que intervinieron en el estudio fuera un chiste de humor negro, donde se potencia la incongruencia entre lo esperado y lo que realmente pasa al final. El chiste, que sigue una estructura típica de narración, es el siguiente (traducido del original en inglés):

Dos amigos están cazando en el bosque y uno de ellos se pega un tiro por accidente. El otro amigo llama a emergencias muy alterado para pedir ayuda:

Emergencias: Emergencias, ¿en qué puedo ayudarle?

Cazador: Estábamos cazando y mi amigo se ha disparado por error.

Emergencias: Tranquilo, primero asegúrese de si está muerto.

(se oye un disparo)

Cazador: Ya estoy seguro de que lo está. ¿Ahora qué hago?

Un caso real que refleja distintos usos y percepciones del humor es el que analizaron Yue et al. (2016) en su artículo. Los autores comparan dos acontecimientos reales y similares entre sí. Así, compararon lo que ocurrió el 14 de diciembre de 2008 cuando un periodista iraquí sorprendió a los asistentes a una rueda de prensa con el entonces presidente de los EEUU George W. Bush al tirarle un zapato al presidente. Tras el incidente, Bush bromeó «si queréis saber los hechos concretos, es una talla 43». En otras palabras, como vimos en el capítulo anterior, Bush empleó el humor como estrategia correctiva de imagen.

Curiosamente, el incidente se repitió parcialmente unas semanas después, y el 2 de febrero de 2009 un estudiante le arrojó un zapato al premier chino Wen Jiabao mientras este estaba dando una conferencia en la Universidad de Cambridge. El estudiante resultó expulsado de la sala, pero el premier Wen reaccionó ante su pérdida de imagen de forma diferente, sin recurrir al humor. Como reportó *China View* (2009), Wen indicó que «este comportamiento despreciable no va a empañar en modo alguno la amistad entre el pueblo chino y el británico».

En un estudio más reciente, Zakovska et al. (2023) comparan el tipo de memes que circularon durante el periodo más duro de la pandemia de covid en China, la República Checa y España. Las autoras llegan a la conclusión de que el humor agresivo (especialmente el humor contra el gobierno y las autoridades) era mucho más frecuente en la República Checa y en España, en segundo lugar, pero era inexistente en China (posiblemente dada la censura). Sin embargo, resulta bastante interesante que el humor afiliativo sea igual de frecuente en China y España, dado el carácter más colectivista de ambas culturas, con memes que apelaban a la unidad social en un tiempo de incertidumbre y miedo entre la población (en un uso claramente catártico del humor, para aliviar tensiones y miedos). Así pues, las autoras hallaron similitudes entre España y la República Checa pero también entre España y China, con la cultura española aparentemente en una posición intermedia entre ambas.

Para finalizar la sección, y como reflexión, podemos concluir que nuestra percepción e interpretación del humor no solo es individual, sino que está muy unida a la parte más profunda e invisible del «iceberg» cultural. Pensemos, por un instante, en nuestras posibles respuestas ante estas preguntas:

- ¿Qué nos hace reír?
- ¿Dónde están los límites del humor?
- ¿En qué contextos nos parece (in)apropiado o (in)aceptable emplear el humor?

Así pues, aunque el humor nos puede ayudar a potenciar los vínculos y las relaciones, así como a aliviar tensiones en los encuentros interculturales, también puede llevarnos al malentendido, al estereotipo y la disonancia. No se trata de evitar el empleo del humor, pero sí es conveniente prestar atención a posibles diferencias culturales para evitar estos malentendidos y posibles ofensas inintencionadas. Conocer las semejanzas y las diferencias entre culturas es un factor clave en el desarrollo de la competencia intercultural. En el siguiente capítulo, nos ocuparemos de definir qué es la competencia intercultural y cómo podemos dilucidar nuestro grado de competencia intercultural.

Capítulo 4

¿Qué es la competencia intercultural y cómo saber si somos interculturalmente competentes?

> La mayor parte de la lucha y el sufrimiento en el mundo se debe a la ignorancia de cómo interactuar con los demás.
>
> Dalai Lama

Antes de entrar en detalle en lo que significa la competencia intercultural, es importante señalar que, aunque a menudo se emplean de forma intercambiable, la competencia intercultural no es exactamente lo mismo que la competencia comunicativa intercultural. Mientras que la primera puede considerarse de carácter más general, y como una especie de «término paraguas», la segunda de ellas pone el énfasis en la importancia del lenguaje. En otras palabras, no podemos comunicarnos en contextos interculturales de forma efectiva si no disponemos de una lengua común o lengua franca en la que poder interactuar.

Así, en contraste con aquellos modelos de competencia intercultural que ponen el acento en las habilidades o rasgos psicológicos del individuo, Michael Byram (1997) introduce la noción de competencia comunicativa intercultural, con la intención de destacar el hecho de que las interacciones interculturales suelen ocurrir en una lengua que no tiene por qué ser la lengua materna de ninguno de los interlocutores. Esto plantea la necesidad de que el individuo «sea capaz de navegar por diferentes convenciones comunicativas y remansos de significado asociados con los diferentes idiomas, mientras que simultáneamente gestione tanto su identidad propia como la de sus interlocutores» (Sánchez-Hernández y Maíz-Arévalo, 2021: 200).

Como lingüista y pragmática que soy, no puedo concebir la competencia intercultural sin que haya también competencia comunicativa intercultural. Con esto quiero decir que, aunque emplearé el término general por mayor comodidad y simplicidad para el lector, siempre debemos tener en mente el aspecto comunicativo.

1. Enfoques componenciales o de desarrollo de la competencia intercultural

1.1. Enfoques componenciales

Los enfoques componenciales se centran en las destrezas individuales que resultan instrumentales para una comunicación intercultural exitosa. Por ejemplo, algunos de los modelos componenciales más conocidos son los de dimensiones de Chen (1997), los «five savoirs» (cinco saberes) de Byram (1997) y las dimensiones de Fantini (2009). Veamos a continuación cada uno de ellos con algo más de detalle.

Uno de los primeros intentos en definir la competencia intercultural y sus componentes es el de Chen y Starosta (1996), quienes definen a los individuos interculturalmente competentes como aquellos que pueden interactuar «de manera efectiva y apropiada» con gente con identidades culturales diferentes. De forma más concreta, Chen (1997) argumenta que la competencia intercultural consiste en cuatro dimensiones, a saber:

1. Fortaleza de la personalidad. Esto incluye aspectos como nuestro autoconcepto (o cómo de bien nos conocemos a nosotros mismos, nuestras fortalezas y debilidades), la autorevelación (esto es, cuánto contamos sobre nosotros mismos a los demás cuando interactuamos), el autocontrol (cuánto utilizamos la información contextual para modificar nuestra presentación personal y nuestro comportamiento expresivo) y la relajación social (habilidad para mantenernos tranquilos y evitar la ansiedad en la comunicación, especialmente cuando esta tiene lugar fuera de nuestra zona de confort).

2. Habilidades de comunicación. Incluyen factores como ser conscientes tanto del comportamiento lingüístico como del no verbal (es decir, tener conciencia metapragmática) y la adaptabilidad al contexto (por ejemplo, saber cuándo emplear un registro específico en lugar de otro).

3. Ajuste psicológico. Se refiere a nuestra capacidad para adaptarnos a nuevos entornos, por muy diferentes que sean, sin sufrir de ansiedad o choque cultural, y nuestra habilidad para manejar este «choque cultural» y sus efectos en caso de que ocurra (por ejemplo, ansiedad, frustración, estrés, etc.).

4. Conciencia cultural. Incluye nuestra sensibilidad afectiva o intercultural; es decir, nuestra habilidad para respetar las diferencias culturales sin opiniones prejuiciosas ni sesgos etnocéntricos, junto con nuestra

conciencia cognitiva o intercultural; es decir, la auto-conciencia de nuestra propia cultura y la comprensión de que las culturas pueden variar. En otras palabras, potenciar el etnorelativismo cultural en lugar del etnocentrismo.

Un modelo similar es el de los «Cinco Saberes» de Michael Byram (1997), en el cual considera que la competencia comunicativa intercultural consiste en que el individuo tenga las siguientes cinco habilidades:

1. Habilidad para conocerse a sí mismo («savoir»). Más específicamente, este «autoconocimiento» implica conocer las prácticas y creencias del propio grupo social y del interlocutor, así como conocer los procesos de interacción del grupo e individuales.

2. Habilidad para interpretar y relacionarse con los demás («savoir comprendre»). Este aspecto implica saber relativizar nuestra perspectiva y valorar a los demás, mantener una mente abierta y curiosa sobre los demás y cuestionar la desconfianza hacia otras culturas y nuestra fe en la nuestra propia; es decir, promover el etnorelativismo cultural en lugar del etnocentrismo cultural.

3. Habilidad para descubrir e interactuar («savoir apprendre/faire»). Implica saber cómo entender e interpretar los símbolos y eventos de otras culturas, así como saber cómo explicarlos y relacionarlos con los de la propia cultura.

4. Habilidad para desarrollar una actitud abierta y flexible («savoir être»). Esta es una habilidad de interpretación que implica tener la destreza para adquirir cono-

cimientos sobre prácticas culturales y luego aplicar ese conocimiento en un contexto comunicativo real.

5. Habilidad para ser críticamente consciente de la propia cultura y la de los demás («savoir s'engager»). Esto implica tener un pensamiento cultural crítico o saber cómo relacionarse, evaluar las prácticas y productos de nuestra propia cultura desde diferentes perspectivas e identificar criterios de evaluación para ser objetivos en lugar de sesgados.

Finalmente, el modelo de competencia intercultural de Fantini (2009; 2012) también implica cuatro dimensiones como el de Chen mencionado anteriormente. Esto incluye el conocimiento de uno mismo y de la propia cultura, actitud (una actitud abierta hacia posibles diferencias), habilidades (por ejemplo, habilidades comunicativas, para interactuar) y finalmente tener conciencia de las similitudes y diferencias culturales.

Como podemos ver, en todos estos modelos se le otorga una gran importancia a la actitud y los valores individuales como la curiosidad, la empatía, etc., que presumiblemente vienen «por defecto» o aprendemos durante nuestra infancia. En otras palabras, aunque es posible «enseñar» a alguien cómo ser comprensivo, parece haber un componente de personalidad importante que es un requisito necesario antes de que podamos ser competentes interculturalmente. Desafortunadamente, si el individuo carece de este componente psicológico, digamos que resulta realmente difícil (si no imposible) desarrollar su competencia intercultural.

1.2. Enfoques de desarrollo

A diferencia de los enfoques componentiales, los enfoques de desarrollo argumentan que la competencia intercultural implica progresar a través de diferentes etapas, por lo tanto, la competencia intercultural se considera como un proceso de aprendizaje continuo en lugar de «tener» o «no tener» las habilidades. Aquí, los modelos más importantes y conocidos son el «modelo de proceso» de Deardorff (2006) (ver también su «modelo de la pirámide») y el «modelo de madurez intercultural» de King y Baxter Magolda (2005). En los siguientes párrafos nos centraremos en ambos con un poco más de detalle.

El modelo de proceso de Darla Deardorff (2006) es probablemente el modelo más conocido e influyente cuando se trata de comprender la competencia intercultural. La autora lo presenta como un ciclo continuo que comienza con las actitudes del individuo hacia el respeto por los demás y otras culturas, la apertura de mente (y la capacidad de no juzgar) y la curiosidad y tolerancia hacia la ambigüedad. En otras palabras, en lugar de evitar lo que no conocemos, intentamos conocerlo y abrazarlo con curiosidad y una actitud de descubrimiento.

Si un individuo tiene estas características, la segunda etapa también involucra al individuo, pero ahora respecto al conocimiento y comprensión de su propia cultura (conciencia cultural). Esto incluye habilidades como la capacidad de escuchar activamente a los demás, observar, analizar, interpretar y relacionarse.

El tercer paso es lo que Deardorff llama el resultado interno (*internal outcome*), que implica desarrollar un marco de referencia informado y la capacidad de adaptarse a nuevas culturas, desarrollar flexibilidad, empatía y una visión etnorelativista. Esto nos prepara para interactuar con aquellos que provienen de otra cultura, de modo que podamos participar en la comunicación intercultural, lo que conduce a lo que ella define como el resultado externo (*external outcome*) o una forma efectiva y apropiada de comunicarse y comportarse en situaciones interculturales (es decir, pragmática intercultural). Esto nos lleva de vuelta al principio, donde el ciclo se repite *ad infinitum*. Sin embargo, cuanto más sepamos sobre los demás y otras culturas, más aumentamos nuestras habilidades individuales y mejoramos en la comunicación intercultural y la pragmática intercultural. Aún así, como hay tantas culturas y sociedades diferentes, no se trata ni mucho menos de un proceso fácil, sino que requiere un aprendizaje continuo a lo largo de la vida. La imagen siguiente resume este modelo cíclico de Darla Deardorff, en su versión original (2011).

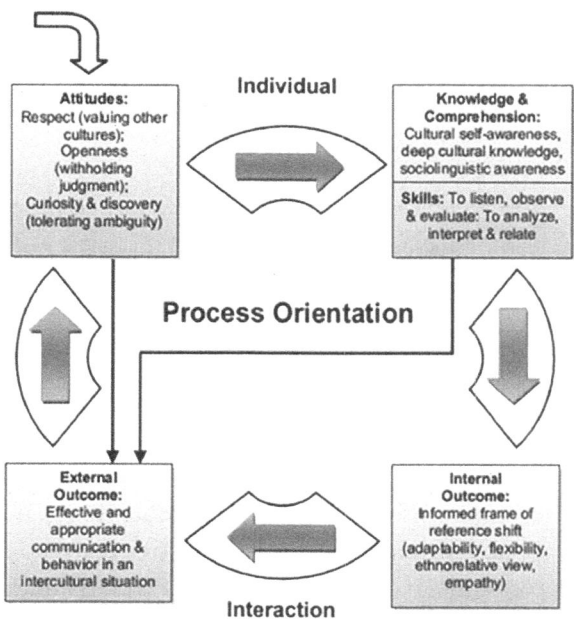

Imagen 13. Modelo de proceso de Darla Deardorff (2011)

Deardorff también representa su modelo como una pirámide para dejar patente que las actitudes de respeto, apertura de mente y curiosidad son requisitos sin los que resulta prácticamente imposible que un individuo llegue a ser interculturalmente competente. La imagen siguiente representa esta segunda forma de visualizar el modelo.

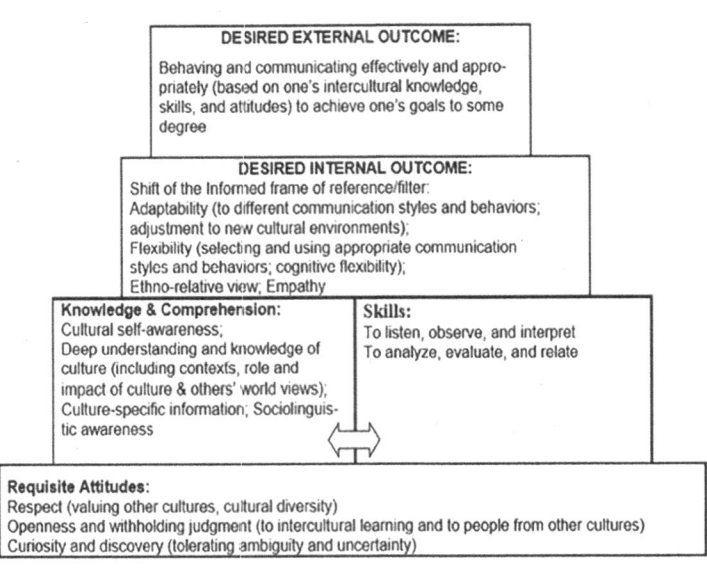

Figura 14. Modelo de Deardorff en su versión piramidal

Aunque resulta mucho menos conocido, un modelo muy interesante es el de la madurez intercultural que proponen King y Baxter Magolda (2005; 2009). Para estos autores, llegar a ser interculturalmente competente (en paralelo al aprendizaje de idiomas) se desarrolla en tres etapas o niveles: inicial, intermedio y de madurez. Estas etapas funcionan en tres dimensiones estrechamente relacionadas entre sí, la cognitiva, la intrapersonal y la interpersonal, es decir:

— La dimensión cognitiva: tiene que ver con la comprensión de las diferencias culturales
— La dimensión intrapersonal: está relacionada con la capacidad para aceptar dichas diferencias sin sentirse amenazado por ellas.
— La dimensión interpersonal: se refiere a la capacidad para funcionar de manera interdependiente con otros, por muy diversos que sean.

De manera más específica, en el nivel inicial, nuestra dimensión cognitiva tiende a favorecer cierta candidez y simplicidad en cuanto a las prácticas culturales se refiere, a menudo basadas en estereotipos. En este mismo nivel, nuestra dimensión intrapersonal carece de concienciación respecto, por ejemplo, a los distintos roles sociales, y tendemos a ver las diferencias como amenazas, en la creencia de que lo que es diferente es peligroso. Por último, en lo que respecta a la dimensión interpersonal, cuando estamos en este nivel inicial, nos cuesta adaptarnos a contextos nuevos (y sufrimos choques culturales). Es más fácil, en nuestra percepción, buscar individuos afines a nosotros, también procedentes de nuestro contexto cultural, en lugar de intentar relacionarnos con aquellos cuyos comportamientos nos resultan muy diferentes. En este nivel, es frecuente que los individuos también interpreten las diferencias en los estilos comunicativos (si es que los hay) como algo negativo y que «está mal» más que como algo «simplemente diferente». Por ejemplo, en un estudio que llevé a cabo con una de mis colegas (Sánchez-Hernández y Maíz-Arévalo, 2021), uno de los participantes hizo el siguiente comentario cuando estaba explicando un incidente intercultural «es muy maleducado hablarle así, con el nombre de pila, a una profesora», sin tener en cuenta que, en la cultura española, es una práctica que se ha convertido en habitual en las últimas décadas.

En el nivel intermedio, la capacidad cognitiva de las personas muestra una evolución hacia la conciencia y la aceptación (aunque parcial) de nuevas perspectivas, lo que lleva a un grado creciente de etnorelativismo cultural. A nivel intrapersonal, estos individuos reconocen las diferencias, pero aún sienten cierta tensión entre impulsos internos y externos. Por ejemplo, imaginemos que pertenecemos a una cultura de bajo contexto donde se habla de todo y el silencio se considera incómodo, por lo que necesitamos «llenar el silencio» con charlas triviales. De esta cultura, nos trasladan a una cultura de alto contexto, donde el silencio se valora mucho porque no es necesario hablar todo el tiempo, dado que hay un amplio conocimiento común del contexto. En este nivel, podemos ser conscientes de que este es el caso y, sin embargo, la situación aún puede causarnos disonancia. Finalmente, en cuanto a la dimensión interpersonal, un individuo podría mostrar cierta disposición para interactuar con otros diferentes a él y explorar cómo los sistemas sociales afectan las normas grupales.

Por último, el nivel de madurez implica la capacidad para, de manera consciente, cambiar nuestra perspectiva y emplear múltiples «guiones» culturales dependiendo del contexto cultural en el que nos encontremos (dimensión cognitiva). Respecto a la dimensión intrapersonal, esta madurez supone la habilidad para involucrarse en relaciones interdependientes con individuos muy diferentes a nosotros, precisamente porque nos parece enriquecedor y apreciamos estas diferencias como algo positivo. También implica la comprensión entre los sistemas sociales y sus prácticas.

2. ¿Cómo saber si somos interculturalmente competentes y, de ser así, hasta qué punto lo somos?

Aunque, como hemos visto, hay distintos enfoques en torno a la competencia intercultural y diferentes modelos (a pesar de que compartan rasgos comunes), en lo que todos los estudiosos del campo coincidimos es en que medir la competencia intercultural no es tarea fácil. En esta sección, describiremos algunas de las herramientas que se suelen emplear, además de señalar sus ventajas e inconvenientes.

La competencia intercultural puede medirse por grados o niveles. Sin embargo, depende en gran medida del enfoque que adoptemos con respecto a la misma. Esto es, mientras que los enfoques componenciales a menudo emplean escalas y cuestionarios, con resultados cuantitativos, los enfoques de desarrollo prefieren otros métodos. Veamos en primer lugar los cuestionarios más conocidos para la medición de la competencia intercultural, que ofrecen resultados cuantitativos:

— El Inventario de Adaptabilidad Multicultural (conocido en inglés como Cross-cultural Adaptability Inventory o CCAI), es fruto del trabajo de Kelley y Meyers (1995) y puede consultarse en este enlace: http://ccaiassess.com/index.html. Sin embargo, es importante señalar que no es gratuito y que va dirigido principalmente a compañías internacionales que desean conocer hasta qué punto sus empleados son interculturalmente competentes, especialmente cuando planean transferirlos a sucursales que se encuentran en otros países.

— La Escala de Efectividad Intercultural (conocida en inglés como Intercultural Effectiveness Scale o IES), que desarrolló el Grupo Kozai (2013). Como en el caso del cuestionario anterior, solo está disponible en una versión de pago.

- La Escala de Inteligencia Cultural Expandida (Expanded Cultural Intelligence Scale), de Van Dyne et al. (2012; 2015).
- La Escala de Sensibilidad Intercultural (Intercultural Sensitivity Scale) desarrollada por Chen y Starosta (2000) y que se puede consultar en su versión original en inglés en el apéndice incluido al final de este volumen.

Si bien es cierto que el uso de cuestionarios puede ofrecernos grandes cantidades de datos y la posibilidad, por tanto, de llevar a cabo estudios cuantitativos, no menos cierto es el hecho de que, al ser autoreportes (es decir, cada individuo se está evaluando a sí mismo y pueden, por lo tanto, ser muy críticos o demasiado permisivos), se minimiza hasta cierto punto su validez. Dicho de otro modo, muchos de nuestros informantes pueden verse afectados por lo que se conoce como el «prejuicio de la deseabilidad»; es decir, sus respuestas pueden no ser completamente honestas, sino que corresponden a lo que ellos piensan que sería socialmente deseable (para una revisión algo antigua pero todavía muy relevante, se puede consultar el trabajo de Larson y Bradshaw de 2017).

El problema con la evaluación cuantitativa de la competencia intercultural, como explican Sinicrope et al. (2007) es que nos ofrece una explicación indirecta de la competencia intercultural de los participantes basada en datos autoreportados, que no siempre corresponden a sus verdaderas habilidades.

También de gran importancia es el hecho de que, como ya hemos visto, los enfoques de desarrollo critican el uso de cuestionarios porque consideran que se trata de un proceso dinámico que puede variar con la experiencia de cada individuo y, por lo tanto, no se puede hacer una «foto fija» con un solo cuestionario. Por ejemplo, un individuo que nunca ha salido de su pueblo y se traslada a vivir a otro país puede tener un nivel más bajo al comienzo de su experiencia, pero ser mucho más competente interculturalmente después de haber vivido en su nuevo contexto durante un tiempo. Así pues, el carácter fluido de la competencia intercultural hace que los métodos de medición estáticos como son los cuestionarios o las escalas sean denostados por este enfoque en favor de otros como las reflexiones críticas de los individuos. Como argumenta Darla Deardorff (2020: 9):

> [La reflexión crítica] se considera precursora de la transformación, que hace referencia a un cambio no reversible en la perspectiva de una persona hacia un mayor grado de inclusividad, apertura, y flexibilidad, entre otros aspectos del aprendizaje transformativo.

Así, por ejemplo, podemos emplear diferentes herramientas como son los incidentes críticos, las narrativas o el uso de rúbricas. Aun así, estos métodos también tienen sus inconvenientes, especialmente si el individuo es tanto el evaluador como el evaluado, pero al menos nos pueden ayudar a desarrollar nuestra propia conciencia cultural, aunque hacen difícil la cuantificación y suelen ser de carácter cualitativo.

Para tratar de resolver estos problemas, un grupo de investigadores europeos, liderados por Michael Byram, desarrolló en 2009 lo que se conoce como el proyecto INCA (Intercultural Competence Assessment). Este proyecto es probablemente una de las herramientas más completas para la evaluación de la competencia intercultural desde distintas perspectivas. Veamos brevemente en qué consiste exactamente.

El Proyecto INCA es una evaluación de la competencia intercultural en múltiples facetas que incluye juegos de rol, portfolios, cuestionarios y escenarios interculturales. Así pues, evalúa tres aspectos principales, que a su vez consisten en seis dimensiones a tres niveles: básico, intermedio y competente (como vemos, se trata claramente de un enfoque de desarrollo). De forma más concreta, considera tres aspectos: la apertura de mente (que incluye la tolerancia y el respeto por otros), el conocimiento (que incluye la curiosidad y la empatía) y la adaptabilidad (que incluye la flexibilidad de comportamientos y la conciencia comunicativa).

Entre las ventajas principales de disponer de diferentes herramientas para medir la competencia intercultural del individuo está el hecho de que promueve la autoconciencia, que es clave para el desarrollo de la competencia intercultural en sí misma.

CAPÍTULO 5

CONCLUSIONES

El final de una cosa es siempre el comienzo de otra

Herman Hesse

A lo largo de este volumen, hemos intentado ofrecer un enfoque completo y fácil de entender sobre la pragmática intercultural. Para abordar esto, sin embargo, primero era necesario comprender qué significa cultura e interculturalidad, así como conocer en qué consiste la pragmática. También hemos intentado explicar cómo podemos saber si somos competentes interculturalmente y cómo podemos intentar medirlo o al menos tomar conciencia de nuestra competencia al tratar con interlocutores de diferentes contextos culturales. Hemos elegido escribirlo en español porque la mayor parte de la literatura en estos temas suele estar en inglés, y queríamos que fuera un libro accesible para los hispanohablantes que no dominan por completo dicho idioma.

Sin embargo, sigue habiendo una serie de advertencias que debemos tener en cuenta. Los estudios sobre cultura, especialmente cuando leemos sobre taxonomías culturales, siempre parecen enfatizar más las diferencias que las semejanzas. No obstante, como seres humanos, todos compartimos una serie de características, deseos y necesidades que a menudo se reflejan también en nuestros valores culturales y formas de ver el mundo. Por poner un ejemplo, incluso aunque haya culturas que están más orientadas a la cortesía negativa (recordemos que es nuestro deseo de que se respete nuestra libertad de acción), los individuos que pertenecen a estas culturas también sienten una necesidad de ser parte de un grupo, de que otros les acepten y les aprecien (imagen positiva). Lo mismo es también válido para el caso contrario.

Asimismo, podemos, como seres humanos, ser parte de nuestra cultura, pero nuestra cultura no es solamente (ni mucho menos) nuestra cultura nacional, que es lo que mucha gente tiene en mente cuando hablamos de culturas. En efecto, la cultura en sentido más amplio también puede hacer referencia a la pertenencia a distintas regiones geográficas (que no países), edades, géneros, etc. Más aún, incluso si somos parte de una o varias culturas, somos también individuos con nuestra propia personalidad, singularidades, deseos y necesidades, que también conforman nuestra forma de ser. De lo contrario, todos los individuos pertenecientes al mismo contexto cultural serían exactamente idénticos y ya sabemos que esto rara vez es así.

Por último, es importante tener en cuenta que, incluso si la pragmática intercultural y la comunicación intercultural en general son muy complejas e implican mucho más que compartir un idioma común, simplemente tener una actitud deferente, empática, tolerante y abierta hacia la comprensión de aquellos que no son como nosotros puede hacer maravillas. Sin estas cualidades poco hay que podamos hacer, independiente de cuánto podamos leer y aprender sobre otras culturas.

En última instancia, este volumen tiene como objetivo no solo ofrecer un enfoque divulgativo sobre la pragmática intercultural, sino también fomentar la conciencia y ayudarnos a todos a ser más sensibles e inclusivos interculturalmente, sin importar cuán diferentes podamos parecer inicialmente. Después de todo, como hemos visto al tratar con la pragmática intercultural, las cosas nunca son mejores o peores, simplemente tenemos formas distintas de abordarlas.

REFERENCIAS

ANDERSEN, P. A. (1999). *Nonverbal Communication: Forms and Functions.* Mountain View, CA: Mayfield.

ARUNDALE, R. B. (2006). Face as relational and interactional: A communication framework for research on face, facework, and politeness. *Journal of Politeness Research. Language, Behaviour, Culture,* 2(2), 193-216.

AUSTIN, J. L (1962). *How to do things with words.* Oxford: Oxford University Press.

BENEDICT, R. (1959). *Patterns of Culture.* Boston: Houghton Mifflin.

BENGTSSON, S., BERGLUND, H., GULYAS, B., COHEN, E., y SAVIC, I. (2001). Brain activation during odor perception in males and females. *Neuroreport,* 12(9), 2027-2033.

BROWN, P. y LEVINSON, S. (1987). *Politeness: Some Universals in Language.* Cambridge: Cambridge University Press.

BURNETT TYLOR, E. (1871). *Primitive Culture* (vol. 1 and 2). London: John Murray.

BYRAM, M. (1997). *Teaching and Assessing Intercultural Communicative Competence.* Clevedon: Multilingual Matters.

CHEN, G. H. y MARTIN, R. D. (2005). Coping humor of 354 Chinese university students. *Mental Health Journal.* 19, 307-309.

CHEN, G.M. (1990). Intercultural communication competence: Some perspectives of research. *Howard Journal of Communications*, 2(3), 243-261.

CHEN, G. M. y STAROSTA, W. J. (1996). Intercultural communication competence: A synthesis. En B. R. Burleson (Ed.), *Communication Yearbook*, 19, 353-384.

— (2000). The development and validation of the Intercultural Sensitivity Scale. Paper presented at the Annual Meeting of the National Communication Association (86th Seattle, WA, November 8-12, 2000).

CHEN, R., HE, L. y HU, C. (2013). Chinese requests: In comparison to American and Japanese requests and with reference to the «East-West divide». *Journal of Pragmatics*, 55, 140-161.

CUPACH, W. R. y METTS, S. (1994). *Facework* (Vol. 7). Londres: Sage.

CUTTING, J. (2015). *Pragmatics and discourse: A resource book for students*. Londres: Routledge.

DARWIN, C. (1872/1965). *The expression of the emotions in man and animals* (Vol. 526). Chicago: University of Chicago press.

DEARDORFF, D. K. (2004). Internationalization: In search of intercultural competence. *International educator*, 13(2), 13-15.

— (2006). Identification and assessment of intercultural competence as a student outcome of internationalization. *Journal of studies in international education*, 10(3), 241-266.

EKMAN, P., ROLLS, E. T., PERRETT, D. I. y ELLIS, H. D. (1992). Facial expressions of emotion: An old controversy and new findings [and discussion]. *Philosophical Transactions of the Royal Society B: Biological Sciences*, 335(1273), 63-69.

FANTINI, A. (2009). Assessing intercultural competence: Issues and tools. En D. K. Deardorff (Ed.), *The SAGE handbook of intercultural competence*. Londres: Sage, 456-476.

— (2012). Language: An essential component of intercultural communicative competence. En J. Jackson (Ed.), *The Routledge handbook of language and intercultural communication*. Londres: Routledge, 263-278.

GEERTZ, C. (1973). *The interpretation of cultures*. Nueva York: Basic Books.

GOFFMAN, E. (1955). On face-work: An analysis of ritual elements in social interaction. *Psychiatry*, 18(3), 213-231.

— (1967). *Interaction ritual: Essays on face-to-face behavior*. Allen Lane: The Penguin Press.

GOLEMAN, D. (1995). *Emotional intelligence. Why it matters more than IQ*. Nueva York: Bloomsbury.

GRAINGER, K. (2018). «We're not in a club now»: a neo-Brown and Levinson approach to analyzing courtroom data. *Journal of Politeness Research*, 14(1), 19-38.

GRICE, H. P. (1975). Logic and conversation. En *Speech acts* (pp. 41-58). Brill.

GUERRERO, L. K., ANDERSEN, P. A. y AFIFI, W. A. (2014). *Close encounters: Communication in relationships*. Londres: Sage Publications.

HALL, E. T. (1959). *The Silent Language*. Nueva York: Anchor Books.

— (1969). *The Hidden Dimension*. Nueva York: Anchor Books.

— (1976). *Beyond Culture*. Nueva York: Anchor Books.

— (2000). *Monochronic and polychronic time. Intercultural communication: A reader*, 9, 280-286.

HALLIDAY, M. A. K. y HASAN, R. (1989).*Language, context*

and text: Aspects of language in asocial-semiotic perspective. Londres: Oxford University Press

HASADA, R. (1997). Some aspects of Japanese cultural ethos embedded in nonverbal communicative behavior. *Benjamins translation library*, 17, 83-106.

HATTORI, T. (1987). A study of nonverbal intercultural communication between Japanese and Americans—Focusing on the use of the eyes. *Japan Association of Language Teachers Journal*, 8, 109-118.

HIETANEN, J. K. (2018). Affective eye contact: an integrative review. *Frontiers in psychology,* 1587.

HOFSTEDE, G. (1998). Identifying organizational subcultures: An empirical approach. *Journal of management studies*, 35(1), 1-12.

HYMES, D. (1972). On communicative competence. En Alessandro Duranti (ed.), *Linguistic Anthropology: A Reader.* Malden, MA: Blackwell, 53-73.

INCA. (2009). INCA project. Intercultural competence assessment. Retrieved December 3, 2020, from https://ec.europa.eu/migrant-integration/library-document/inca-project-intercultural-competence-assessment_en

INKELES, A. y LEVINSON, D. J. (1959). *National Character: The Study of Modal Personality and Sociocultural Systems.* Nueva York: Routledge.

JANDT, F. E. (2013). *An introduction to intercultural communication. Identities in a global community.* Londres: Sage.

KECSKES, I. y LAWRENCE R. HORN (eds.). (2007). *Explorations in pragmatics: Linguistic, cognitive and intercultural aspects.* Berlín: Mouton de Gruyter.

KECSKES, I. (2014). *Intercultural pragmatics.* Oxford: Oxford University Press.

— (2007). Formulaic language in English Lingua Franca. En

Kelley, C. y Meyers, J. (1995) *Cross-cultural Adaptability Inventory. Minneapolis*, MN: National Computer Systems.

KING, P. M., y BAXTER MAGOLDA, M. B. (2005). A developmental model of intercultural maturity. *Journal of College Student Development*, 46(6), 571-592.

KINOSHITA, K. (2023). Meanings and Intentions of Happy Expressions. En *Japanese Politicians' Rhetorical and Indirect Speech: Verbal and Nonverbal Communication Usage*. Singapore: Springer Nature Singapore, 47-58.

KOTTHOFF, H. (2007). Ritual and style across cultures. En Kotthoff, H. and Spencer Oatey, H. (Eds.), and *Handbook of intercultural communication*. Mouton de Gruyter: Berlín, 173-198.

KRUGER, A. (1996). The nature of humor in human nature: Cross-cultural commonalities. *Counselling Psychology Quarterly* 9(3): 235-241.

KUIPER, N. A., GRIMSHAW, M., LEITE, C. y KIRSH, G. (2004). Humor is not always the best medicine: specific components of sense of humor and psychological well-being. *Humor* 17: 135-168.

LAKOFF, R. (1977). What you can do with words: Politeness, pragmatics and performatives. En Proceedings of the Texas conference on performatives, presuppositions and implicatures (pp. 79-106). Arlington, Va.: Center for Applied Linguistics.

LARSON, K. E. y BRADSHAW, C. P. (2017). Cultural competence and social desirability among practitioners: A systematic review of the literature. *Children and Youth Services Review*, 76, 100-111.

LeDOUX, J. E. (1998). *The emotional brain: The mysterious underpinnings of emotional life*. Simon and Schuster.

— (2003). The emotional brain, fear, and the amygdala. *Cellular and molecular neurobiology*, 23, 727-738.

LEECH, G. (1983). *Principles of pragmatics*. Londres, Nueva York: Longman Group Ltd.

LOCHER, M. A. y WATTS, R. J. (2005). Politeness theory and relational work. *Journal of Politeness Research*, 1(1), 9-33.

LORETTE, P. y DEWAELE, J. M. (2015). Emotion recognition ability in English among L1 and LX users of English. *International Journal of Language and Culture*, 2(1), 62-86.

LUSTIG, M. W. y KOESTER, J. (1993). *Intercultural competence: Interpersonal communication across cultures*. Nueva York: HarperCollins.

MAÍZ-ARÉVALO, C. (2019). Losing face on Facebook: Linguistic strategies to repair face in a Spanish common interest group. En Bou-Franch, P. and Garcés-Conejos Blitvich, P. (eds.). *Analyzing Digital Discourse*. Springer, 283-309.

MAÍZ-ARÉVALO, C. (2021). «Blowing our own trumpet»: Self-praise in Peninsular Spanish face-to-face communication. *Journal of Pragmatics*, 183, 107-120.

— (2022). Self-Praise in Peninsular Spanish Face-to-Face Interaction. En Xie, C., Tong, Y. (Eds), Self-*Praise Across Cultures and Contexts*. Cham: Springer International Publishing, 161-183.

MAO, L. R. (1994). Beyond politeness theory: 'Face' revisited and renewed. *Journal of pragmatics*, 21(5), 451-486.

MEY, J. (2001). *Pragmatics: An Introduction*. Oxford: Wiley-Blackwell.

MICZO, N. y WELTER, R. E. (2006). Aggressive and Affiliative Humor: Relationships to Aspects of Intercultural Communication. *Journal of Intercultural Communication Research*, 35(1), 61-77.

MORRIS, D. (1979). *Gestures, their origins and distribution.* Stein & Day Pub.

MORRIS, D. (1994). *Bodytalk: The meaning of human gestures.* Crown Publishers.

PARSONS, T. y SHILS, E. A. (Eds.). (1951). *Toward a general theory of action.* Harvard: Harvard University Press.

PENMAN, R. (1990). Facework & politeness: Multiple goals in courtroom discourse. *Journal of Language and Social Psychology*, 9(1-2), 15-38.

PILLER, I. (2017). *Intercultural communication: A critical introduction.* Edimburgo: Edinburgh University Press.

PULVERS, R. (2009). Comparing and Contrasting to plumb the heights of Japanese humor. Counterpoint, *The Japan Times.* Sunday, August 2nd.

REIMANN, A. (2010). Intercultural communication and the essence of humour. *Journal of the Faculty of International Studies*, 29(1), 23-34.

SAMOVAR, L. A., PORTER, R. E., MCDANIEL, E. R. y ROY, C. S. (2014). *Intercultural communication: A reader.* Wadsworth: Cengage Learning.

SCHUMANN, J. H. (1986). Research on the acculturation model for second language acquisition. *Journal of multilingual & multicultural development*, 7(5), 379-392.

SEARLE, J.R. (1969). *Speech Acts. An Essay in the Philosophy of Language.* Cambridge: Cambridge University Press.

SINICROPE, C., NORRIS, J. y WATANABE, Y. (2007). Understanding and assessing intercultural competence: A summary of theory, research, and practice (technical report for the foreign language program evaluation research). *Second Language Studies*, 26(1), 1-58.

SPENCER-OATEY, H. (2004). Rapport management: A framework for analysis. En H. Spencer-Oatey (ed.) *Cultura-*

lly Speaking. Managing Rapport through Talk across Cultures. Londres, Nueva York: Continuum, 11-46.

— (2005). (Im)politeness, face and perceptions of rapport: Unpacking their bases and interrelationships. *Journal of Politeness Research*, 1, 113-137.

— (2007). Theories of identity and the analysis of face. *Journal of Pragmatics*, 39(4), 639-656.

SPERBER, D. y WILSON, D. (1986). *Relevance: Communication and cognition* (Vol. 142). Cambridge, MA: Harvard University Press.

TAKEKURO, M. (2006). Conversational jokes as a politeness strategy: observations from English and Japanese. En Milner Davis, J. (Ed). *Understanding humour in Japan*. Detroit: Wayne State University Press, pp. 85-98.

THOMAS, J. (1983). Cross-cultural pragmatic failure. *Applied linguistics*, 4(2), 91-112.

TING-TOOMEY, S. (1994). *The challenge of facework: Cross-cultural and interpersonal issues*. Albany: SUNY Press.

TRACY, K. (1990). The many faces of facework. En H. Giles y W. P. Robinson (Eds.), *Handbook of language and social psychology*. Oxford: John Wiley & Sons, 209-226.

TRIANDIS, H. C. (2001). Individualism-collectivism and personality. *Journal of personality*, 69(6), 907-924.

TROMPENAARS, F. y HAMPDEN-TURNER, C. (1997). *Riding the Waves of Culture: Understanding Cultural Diversity in Business*. Londres: Nicholas Brealey Publishing.

TURNBULL, W. y SAXTON, K. L. (1997). Modal expressions as facework in refusals to comply with requests: I think I should say 'no' right now. *Journal of Pragmatics*, 27(2), 145-181.

VAN DYNE, LINN, SOON ANG, KOK YEE NG, THOMAS ROCKSTUHL, MEI LING TAN y CHRISTINE KOH. (2012).

Sub-Dimensions of the Four Factor Model of Cultural Intelligence: Expanding the Conceptualization and Measurement of Cultural Intelligence. *Social and Personality Psychology Compass* 6(4): 295-313, 10.1111/j.1751-9004.2012.00429.x

VAN, DYNE, L., ANG, S. y KOH, C. (2015). Development and validation of the CQS. En *Handbook of cultural intelligence: Theory, measurement, and applications*. Londres: Routledge, 16-38.

WATTS, R. J. (2011). A socio-cognitive approach to historical politeness. *Journal of historical pragmatics*, 12(1-2), 104-132.

WEIGAND, E. (2010). *Dialogue: The Mixed Game* (Vol. 10). Ámsterdam: John Benjamins Publishing.

WISEMAN, R. (2002). *Laughlab: The scientific search for the world's funniest joke*. Londres: Random House.

WOOD, L. A. y KROGER, R. O. (1994). The analysis of facework in discourse review and proposal. *Journal of Language and Social Psychology*, 13(3), 248-277.

YATES, L. (2010). Pragmatic challenges for second language learners. *Pragmatics across languages and cultures*, 7, 287-308.

YUE, X, JIANG, F., LU, S. y HIRANANDANI, N. (2016). To Be or Not To Be Humorous? Cross Cultural Perspectives on Humor. *Frontiers in Psychology* 7. doi:10.3389/fpsyg.2016.01495

ŽÁKOVSKÁ, I., MAÍZ-ARÉVALO, C. y CAO, Y. (2023). 'Are we laughing at the same?': a contrastive analysis of Covid-related memes in Czech, Chinese and Spanish. *The European Journal of Humour Research*, 11(1), 143-167.

ZAMBORLIN, C. (2007). Going beyond pragmatic failures: dissonance in intercultural communication. *Intercultural Pragmatics*, 4(1), 21-50.

Intercultural Sensitivity Scale

Below is a series of statements concerning intercultural communication. There are no right or wrong answers. Please work quickly and record your first impression by indicating the degree to which you agree or disagree with the statement. Thank you for your cooperation.

5 = strongly agree, 4 = agree, 3 = uncertain, 2 = disagree, 1 = strongly disagree

1. I enjoy interacting with people from different cultures.
2. I think people from other cultures are narrow-minded.
3. I am pretty sure of myself in interacting with people from different cultures.
4. I find it very hard to talk in front of people from different cultures.
5. I always know what to say when interacting with people from different cultures.
6. I can be as sociable as I want to be when interacting with people from different cultures.
7. I don't like to be with people from different cultures.
8. I respect the values of people from different cultures.

9. I get upset easily when interacting with people from different cultures.
10. I feel confident when interacting with people from different cultures.
11. I tend to wait before forming an impression of culturally-distinct counterparts.
12. I often get discouraged when I am with people from different cultures.
13. I am open-minded to people from different cultures.
14. I am very observant when interacting with people from different cultures.
15. I often feel useless when interacting with people from different cultures.
16. I respect the ways people from different cultures behave.
17. I try to obtain as much information as I can when interacting with people from different cultures.
18. I would not accept the opinions of people from different cultures.
19. I am sensitive to my culturally-distinct counterpart's subtle meanings during our interaction.
20. I think my culture is better than other cultures.
21. I often give positive responses to my culturally-different counterpart during our interaction.
22. I avoid those situations where I will have to deal with culturally-distinct persons.
23. I often show my culturally-distinct counterpart my understanding through verbal or nonverbal cues.
24. I have a feeling of enjoyment towards differences between my culturally-distinct counterpart and me.

Items 2, 4, 7, 9, 12, 15, 18, 20, and 22 are reverse-coded before summing the 24 items.

Dimensions
- Interaction Engagement: 1, 11, 13, 21, 22, 23, and 24,
- Respect for Cultural Differences: 2, 7, 8, 16, 18, and 20,
- Interaction Confidence: 3, 4, 5, 6, and 10,
- Interaction Enjoymnent: 9, 12, and 15
- Interaction Attentiveness items: 14, 17, and 19